THE

GREEK AND LATIN VERSIONS

OF THE

BOOK OF AMOS

STUDIES

IN THE

GREEK AND LATIN VERSIONS

OF THE

BOOK OF AMOS

BY

THE REV. W. O. E. OESTERLEY, M.A.

JESUS COLLEGE, CAMBRIDGE.

CAMBRIDGE:

AT THE UNIVERSITY PRESS.

1902

CAMBRIDGE
UNIVERSITY PRESS

University Printing House, Cambridge CB2 8BS, United Kingdom

Cambridge University Press is part of the University of Cambridge.

It furthers the University's mission by disseminating knowledge in the pursuit of education, learning and research at the highest international levels of excellence.

www.cambridge.org
Information on this title: www.cambridge.org/9781107480384

© Cambridge University Press 1902

First published 1902
First paperback edition 2014

A catalogue record for this publication is available from the British Library

ISBN 978-1-107-48038-4 Paperback

Cambridge University Press has no responsibility for the persistence or accuracy of URLs for external or third-party internet websites referred to in this publication, and does not guarantee that any content on such websites is, or will remain, accurate or appropriate.

PREFACE.

THE following *Thesis*[1] is limited in scope and of a very specialized character. My apology for producing a Dissertation of such obvious limitations is that the work itself is essentially preparatory in character; it does not claim to be anything more than a *Vorarbeit*. Unfortunately, preliminary studies of this kind are still a desideratum in the field of O.T. versions. Before we can deal in any adequate way with the text of these some attempt must be made to ascertain what the true text in each case is. This is very far from being possible of attainment yet; a vast amount of labour must be expended before the great mass of material and evidence can be fully utilized. Meanwhile I venture to think that workers in this field can best advance the scientific study of the subject by investigations of a detailed and minute character on preliminary questions. Such an attempt has been made in the following pages.

The essay is divided into four sections:

    i. The Septuagint.
    ii. The later Greek versions.
    iii. The Complutensian and Aldine texts.
    iv. The Latin versions.

i. This section is subdivided thus:

    a. Discussion of certain MSS.
    b. Text and apparatus criticus.
    c. Discussion on the Hes. and Luc. recensions.

Before one can deal adequately with the material for forming the true text of the LXX., the MSS. must, as far as possible, be grouped into families. This is an admitted canon. On the basis of Cornill's and Klostermann's classifications I have proceeded to examine the evidence of MSS., presumably of the Hesychian and Lucianic types. The material at one's disposal is not all that could be wished; we have but few MSS. of the Septuagint in this country. I have collated four of these, so far as the text of *Amos* is concerned: the uncial Q (heliotype) and the cursive 22 (H. and P.) in the British Museum, the cursive 62 in New Coll. Library, and the cursive 147 in the Bodleian; for the remainder of the cursives, seventeen in number, I had to be content with

---

[1] Accepted by the Divinity Professors as sufficient for the degree of B.D.

Holmes and Parsons; for B and A I used the *Old Testament in Greek* (Cambridge Edition). In the sub-section (*a*) these MSS. (with the exception of B and A) are discussed, some more fully than others; in some cases their character did not seem to require any detailed discussion, e.g. when three MSS. belong to a sub-group and vary but slightly from each other, the discussion on one covers the ground of all three.

In the sub-section (*b*) an attempt is made to give all the MS. evidence at present available for determining the texts of the Hesychian and Lucianic recensions. The full texts of Q (Hes.) and 22 (Luc.) are taken as the standards of comparison for these two recensions respectively; they are printed in parallel columns, with every variation in black type so as to be immediately recognizable. Below are the various readings of all the other manuscripts belonging either to the one or other recension. It is fully realized that this alone is inadequate for determining finally the true text of these recensions; the *app. crit.* requires the evidence of versions when available, as well as that of quotations from the Fathers, which represent one or other of these recensions; i.e. the Philoxenian Syriac, Gothic, Slavonic and O.L. versions, and Chrysostom for the Lucianic; the Bohairic version, and Cyril for the Hesychian recension. However, the MSS. offer, at any rate, a good body of evidence. Sub-section (*c*) consists of a short discussion on the characteristics of the Hes. and Luc. recensions.

ii. In this section the evidence of the fragments of Aquila, Theodotion and Symmachus is dealt with, and the special characteristics of each version are illustrated by quotations from the book of Amos. Almost all these fragments are taken from Field's *Hexapla*.

iii. For the sake of completeness it seemed but fitting that the Complutensian and Aldine texts should be examined, especially as the former represents the Lucianic, the latter the Hesychian recension. The Complutensian offers some features of interest, but the Aldine is so obviously a transcript of one of the Hesychian manuscripts that only a very few words are devoted to it. Both these texts are to be had in the British Museum Library.

iv. The last section is devoted to a consideration (*a*) of the Old Latin version, (*b*) of the Vulgate. The fragments of the O.L. have been gathered from the editions of Ranke, the only exceptions being three verses which occur in the *Rules of Tyconius*[1]. These

---

[1] Other patristic quotations are gathered from the CSEL.

fragments are dealt with in some detail; this appeared to be not out of place, as comparatively little has been done in this direction. One cannot help feeling that, if only the scattered fragments of the Old Latin version were gathered together from the writings of Fathers prior to the time of Origen, a great deal of light would be thrown upon the character of this version, and that it would be of much value in helping to determine the true text of the Septuagint. Incidentally a fragment (now in the Vatican Library) has been examined; it has been regarded by some as having an O.L. text, but it has appeared to me to be quite certainly a fragment of the Vulgate; it is, however, a valuable fragment, as it belongs to a 6th century Codex. It is edited by Gustafsson, *Fragmenta Vaticana*... Helsingfors; strange to say, neither the British Museum nor the Bodleian Library nor Dr Williams' Library possesses a copy of this, but the Cambridge University Library has it; being an expensive work very few scholars can afford to buy it. The last sub-section deals with the Vulgate; I had intended to examine this much more fully than has been the case, but both here and in several other sections (e.g. II., on the later Greek versions) want of space necessitated curtailment.

Short, and in some cases superficial, as this Dissertation is, it is the result—or rather, the partial result—of several years' reading. It has been impossible to indicate my indebtedness in every case; one reads and assimilates, and then frequently forgets to whom the debt is due; on the other hand, one comes, apparently independently, to some conclusion, and finds perhaps a little later on that some one else has arrived at a similar one. It may, at any rate, be said that every conclusion arrived at, whether independently or through the guidance of other books, has been conscientiously considered by personal examination of the point under investigation.

I desire to express my thanks to the Rev. G. H. Box for most kindly suggesting several improvements in my MS., especially in its preparation for the Press, and also to the reader at the University Press for his most careful correction of the proof-sheets.

W. O. E. OESTERLEY.

May, 1902.

CONTENTS.

I.

THE SEPTUAGINT.

A. Discussion of MSS.

Q.

This important MS. contains the sixteen prophets, the minor preceding the major. Montfaucon, Stroth and Parsons regard it as belonging to the eighth century, Tischendorf to the 6th or 7th, on account of the accents and breathings which were added by a later hand; Ceriani believes it to be not later than the 6th century. It is especially important because of its Hexaplaric notes[1].

I have collated the text of Amos from the beautiful heliotype in the Brit. Mus., and venture to make the following, comparatively unimportant, additions to the readings on pp. 16—28 (vol. iii.) of the Camb. *O.T. in Grk.*:

i. 2 Camb. Ed. ποιμενων] ποιμνιων Q (-μενων Qᵃ); Qᵃ however has ποιμενιων ‖ ii. 7 B reads εξεκλιναν] εξεκλειναν Q ‖ iii. 6 B ου μη πτοηθησεται] om μη Q | 9 B ειδετε] ιδετε Q | 12 Camb. Ed. Σαμαρεια] -αν Q; but Qᵃ σαμαρεια=B | 15 Camb. Ed. συνχεω] συνχεω Qᵃ; but Qᵃ reads συνγεω ‖ iv. 6 Camb. Ed. πασι] πασιν Q; but Qᵃ πασι | 13 B επιβανναν] pr και Q ‖ v. 2 αναστησων] θ~ sup lin Q | 5 B ουχ | ουκ Q ουχ Qᵃ | συσκοταζων] συσκοταζη Qᵐᵍ | 11 αμπελω-νας] pr και Q | 12 καταπατουντες] Qᵐᵍ οι ο -τουσαι; in addition to this the margin reads οι λ~/ο~ καταπατουντες | εκκλινοντες] εκκλεινοντες Q εκκλινοντες Qᵐᵍ | B εκεινω] εκεινη Qᵐᵍ | 14 πονηρον] pr το Q | 17 ελευσομαι] διελευσομαι Q ‖ vi. 4 κλινων] κλεινων Q κλινων Qᵃ κληνων Qᵐᵍ | 10 οι 2°] om Q | εξενεγκαι] εξενεγκε Q -και Qᵃ | προετηκοσι] -σιν Q -σι Qᵃ | 14 χεμαρρου] χιμαρρον (sic) Q χειμαρρου Qᵃ ‖ vii. 10 παντας] απαντας Q; but παντας Qᵃ ‖ viii. 5 μικρον μετρον] Q=B | ix. οικοδομησουσιν] -σι Qᵃ -σιν Q.

[1] Fully described in Ceriani *De Cod. March.*, cf. also Holmes and Parsons; Cornill, *Ezek.* p. 15; Swete, *Intr.* pp. 144, 145; *O.T. in Grk.* Vol. iii. pp. vii—ix.

The following two itacistic errors in the Q text of Amos may also be added, they are all that I have noticed (B within the bracket):

ii. 12. ενετελλεσθε] ενετελλεσθαε ‖ iv. 11 εγενεσθε ως] εγενεσθα εως | [1].

Among orthographical irregularities the following are found, in addition to those noticed in the Cambr. O.T. (B within the bracket):

v. 3 πολις] πολεις, πολοις Qᵃ | χιλιοι] χειλιοι | 10 εμισησαν] εμεισησαν | 24 χειμαρρους] χιμμαρους ‖ vi. 2 πλεονα] πλειονα | ορια] ορεια, ορια Qᵃ | οριων] ορειων, οριων Qᵃ | 12 θηλειαις] θηλιαις, θηλειαις Qᵃ ‖ vii. 2 ιλεως] ειλεως, ιλεως Qᵃ [2].

Two super-linear notes, by different hands, were made, apparently for the benefit of those who were unable to read Hebrew :

ii. 7. ηγιασμενους has this note written above it : ναζαρωγ ; and in v. 10 φρεαρ του ορκου is explained by " bersabee " being written over φρεαρ.

That Q contains the Hes. text is universally admitted, cf. especially Cornill, *Ezek.* pp. 66—79, Ceriani, *De Cod. March.* p. 106 ; a glance at the app. crit. shows that upon the whole there is a striking agreement between Q and the Hes. group 26 49 68 87 91 and 238 ; it is, however, interesting to note those cases in which Q differs from *all* the MSS. of the above-mentioned group ; cases in which Q has readings which are omitted by *all* the MSS. of the Hes. group are these :

ii. 3 τους αρχοντας | 16 ο κραταιος ου μη ‖ iv. 10 ιδου εγω | και 4° ‖ v. 1 του | 8 ποιων παντα | 11 και 3° ‖ vi. 9 ανδρες |

Variations of reading between Q and the rest of the Hes. MSS. are more in number ; in all the following Q stands alone against the whole group (Q in bracket) :

iii. 14 ασεβειαν] ασεβειας ‖ iv. 13 ποιων] pr ο | υψηλα] υψη (Qᵐᵍ υψη) ‖ v. 2 αναστησων] ανιστων (Qᵐᵍ ανιστων) | 5 Βεθηλ] Βαιθηλ (Qᵐᵍ Βαιθηλ) | 11 κατοικησεται] κατοικησητε (Qᵃ κατοικησετε) | φυτευσεται] εφυτευσατε (Qᵃ φυτευσατε) | οινον] pr τον | 12 αλλαγματα] ανταλλαγματα | πενητα] πενητας (Qᵃ πενητας) | 20 αυτης] αυτη | 22 υμων]+ου προσδεξομαι και σωτηριους επιφανειας υμων (Qᵐᵍ hab) | 26 Ρεφαν] Ραιφαν ‖ vi. 2 ειδετε] ιδετε | 10 οικοι]

[1] Cf. Westcott and Hort, *Intr. N.T. in Grk.* p. 309.
[2] Cf. Westcott and Hort, *op. cit.* pp. 306, 307.

+οι ‖ vii. 17 η γυνη σου]+εν τη πολει πορνευσει οι υιοι και αι θυγατερες σου εν ρομφαια πεσουνται και η γη σου (Q^{mg} hab) ‖ viii. 3 φατνωματα] pr τα | επιριψω] επιρριψω ‖ ix. 7 εμοι] εμου | 9 λικμω] λικμαται | 11 καταπεπτωκυιαν] πεπτωκυιαν | 14 τον καρπον] τους καρπους.

In 38 cases a majority of the Hes. group differ from Q, though Q is supported by two or three.

In the above differences Q is supported by A against the Hes. group in twenty-one instances, the Hes. group against Q in nine; again, Q is supported by B against the Hes. group in twelve instances, while the Hesychian group is supported by B against Q in forty-three.

The corrections of Q in the book of Amos.

In seeking to ascertain the sources from which the corrections of Q came, one feels on somewhat uncertain ground; for while a correction may be seen to have come, apparently, from one type of text or from some important MS. or version, it is possible that it belonged in reality to some MS. or MSS. of which we now know nothing. The only possible exception to this in when Q is corrected from Aquila, Symmachus or Theodotion, for from the fact that these three are often mentioned by name in the margin as being the authority for a certain reading, it is clear that they were consulted by the correctors of Q; so that even when they are not specifically named, a corrected reading which is found nowhere else but in one of these may be regarded as having its source in one of them. But even here one cannot speak with certainty, inasmuch as a reading now believed to be peculiar to Aquila, for example, was by no means necessarily so originally. Therefore the suggested sources of Q corrections here given must be purely tentative. The interest in examining these sources lies in the fact that we are enabled, presumably, to see what the correctors of Q looked upon as authoritative, for it may be assumed that most of the corrections were made from some authoritative source rather than on the corrector's own initiative. The corrections here noticed include only such as bear directly on the text.

The corrections belong to two periods:

i.   Those made in Egypt, the birth-place of Q, up till about the ninth century; these are in uncial writing.

ii. Those made in Italy, where the Codex remained till the thirteenth century; these are written in cursive, and numerous Latin notes are also added.

The corrections which come under the second head are unimportant for our present purpose as their source is, from the nature of the case, almost certainly late. It is with the Greek corrections that we are concerned. Among these must be mentioned first some which, to judge from the writing, belong to the same date as the original writer. Only two of these occur in the book of Amos, viz.

vii. 7. The addition of ανηρ after ιδου: it is found in A and in all the Luc. MSS.

vii. 13. The rendering προσθησεις instead of μη προσθης: the former is the reading of B and most, though not all, of the Hes. and Luc. MSS.; A reads μη προσθης. Both these are marginal readings.

The apparent sources of the vast majority of the corrections (in the margin as well as in the text) belonging to the period ending circa ninth century may be tabulated under three heads: *a.* Those owing their origin to the Septuagint, as represented by B or A, or both; *b.* Those traceable to Lucianic MSS.; *c.* Those adopted from the versions of Aq., Sym. and Theod.

a. From the Septuagint, as represented by B, A or both[1]; e.g.

ii. 2 των πολεων αυτων Q των πολεων αυτης Q[a].

iii. 12 Σαμαρειαν Q εν Σαμαρεια Q[a].

v. 12 πενητα Q πενητας Q[a].

v. 22 υμων Q+ου προσδεξομαι και σωτηριους επιφανειας υμων Q[mg].

v. 26 τυπους Q+αυτων Q[mg].

vi. 3 ευχομενοι Q ερχομενοι Q[a].

vi. 4 αι εσθοντες Q και εσθοντες Q[a].

vi. 10 ονομασαι Q μη ονομασαι Q[a].

vii. 8 εις μεσον Q εν μεσω Q[a].

vii. 17 η γυνη σου Q+εν τη πολει πορνευσει και οι υιοι και αι θυγατερες σου εν ρομφαια πεσουνται και η γη σου Q[mg] | και εν γη Q και συ εν γη Q[a].

viii. 5 εμπλησομεν Q εμπολησομεν Q[a] | σταθμεια Q σταθμιον Q[a] | θησαυρους Q θησαυρον Q[mg].

ix. 9 λικμιω Q λικμησω Q[a].

ix. 13 αμητος Q αλοητος Q[a].

[1] Of these there are some eighty in the book of Amos.

Nearly every one of these corrections comes closer to the M.T. than the reading in the text, and this applies to nearly all the corrections in this book.

b.   *From Lucianic MSS.*; e.g.

ii. 3 τους αρχοντας Q om τους Qᵃ.

iii. 15 παταξω Q συντριψω Qᵐᵍ | ελεφαντινοι Q pr οι Qᵃ.

v. 8 σκιαν Q + θανατου Qᵐᵍ.

ix. 6 αναβασιν Q pr την Qᵐᵍ.

ix. 14 καταφυτευσουσιν Q φυτευσουσιν Qᵃ.

There are twenty-two of these in *Amos*.

c.   *From Aquila, Symmachus and Theodotion.*

There are not many of these that can be traced with certainty, owing to the scanty materials from these versions which have come down at present for *Amos*.   In the case of some the source is specifically mentioned in the margin, in others it is ascertainable from the fragments of Aq., Sym. and Theod. available.

(1)   Cases in which the source is mentioned :

i. 9 αυτην Q θ' -την α' σ' -τον Qᵐᵍ.

i. 15 αυτων 2° Q α' σ' θ' αυτου Qᵐᵍ.

v. 2 ο αναστησων Q (οι ο' ανιστων) θ' ο αναστησων Qᵐᵍ.

v. 12 καταπατουντες Q (οι ο' καταπατουσαι) οι λ' καταπατουντες Qᵐᵍ.

viii. 11 διψαν Q (οι ο' διψος) α' θ' διψαν.

(2)   Cases in which the correction may, presumably, be traced to one or more of these three, but in which the source is not specified :

i. 13 οπως ενπλατυνωσιν Q εμπλατυνωσιν Qᵃ, the corrected form is that of Aquila and Theodotion.

ii. 2 των πολεων αυτων Q της Καριωθ Qᵐᵍ, this latter is the reading of Aq. Sym. Theod., as well as of " Quinta " and " Sexta."

iii. 12 εν Δαμασκω Q + κλινη Qᵐᵍ, so Sym. Theod.

iv. 7 τρυγητου Q θερισμου Qᵐᵍ, so Aq. Sym. Theod.

iv. 13 χριστον Q λογον Qᵐᵍ, so Theodotion.

As a general rule the corrections of Q (in *Amos*) are not supported by any other of the MSS. of the Hesychian type,

when, however, a correction *is* supported by any other Hes. MSS.
it is usually the sub-group 68 87 91 that does so.   In about
twenty, quite unimportant, instances corrections are supported by
the entire Hesychian group.

22.   (ξ)[1]

I have carefully examined this MS. and collated the text of
Amos; as Q has been taken as the standard of comparison for the
Hes. rec. in the following app. crit. (pp. 25 ff.), so 22 has been
taken as that for the Lucianic recension.

Holmes and Parsons give the following description of it:

"Cod. Mus. Brit. optimae notae, signat. I. B. ii. olim Bibl.
Reginae, saec. XI. vel XII., in majori quarto, uti vocant, scriptus.
Continet omnes Pr., tam 12 Min. (hosque non $\tau\hat{\omega}\nu$ o'. sed Hebrae-
orum ordine) quam 4 Maj.   In adversa parte folii primi, recentiore
manu apposita, legitur haec inscriptio:

'Εκκαιδεκαπρόφητον τοῦ ἁγιωτάτου πατριάρχου Παχωμίου.

Unde vulgo audit Cod. Pachomianus.   Habet asteriscos et
lemniscos aliquando loco illorum positos; rarius quidem in Pro-
phetis Minoribus, saepissime vero per omnem Esaiae et Jeremiae
textum; contra rarissime in Ezechiele, semel denique in Daniele[2]."

The MS. consists of 390 leaves, exclusive of the title-page,
two leaves at the end, and two which have been cut out; it is
in perfect condition with the exception of the title-page which
has been damaged, apparently by damp.   The size of the leaves
is 10¼ in. by 7½ in.   The heading of each book is written in the
margin, in red ink and in uncial characters.   There are marginal
notes all through.   The writing is distinct and easy to read.   The
book of the Min. Pr. is headed αρχει λογου κῡ προ.   Amos is
headed Αμωϲ Γ.

The following abbreviations have been noted: $\overline{\pi\rho\epsilon\sigma}$ $\overline{\pi\eta\rho}$ $\overline{\upsilon\varsigma}$
$\overline{\kappa\sigma}$ $\overline{\theta\sigma}$ $\overline{\iota\lambda\eta\mu}$ $\overline{\iota\eta\lambda}$ $\overline{\pi\mu\alpha}$ $\overline{\alpha\nu\sigma\upsilon\varsigma}$ $\overline{\chi\nu}$ $\overline{\sigma\rho\iota\sigma\upsilon}$ $\overset{\epsilon}{\pi}$.   There are no divisions
of chapters or verses.   The book of Amos takes up pp. 18—27.

---

[1] The Greek letter in brackets refers to Cornill's sign for the MS.

[2] Cf. also Grabe, *Dissertatio de variis vitiis LXX.* pp. 118—123.   Cornill, *Ezech.*
p. 22.   Field II. p. 428 ff.   Swete, p. 165.

I have to make the following additions and corrections to
H. and P.'s collation (H. and P. in bracket):

i. 1 εκ ημεραις] εν ημ. | 5 εκ πεδιου Ων] εκ πεδιουων | 9 Σαλωμων] σαλομων |
εμνηθησαν] ημνηθησαν 22ᵃ | 11 αυτου 1º 2º] εαυτου | νικος] νεικος 22 νικος 22ᵃ |
13 ανθ ων] om ων || ii. 1 κατεκαυσαν] -σεν | 3 εξ αυτης] εξ αυτου | 7 επι κεφαλας] εις
κεφ. | 8 παραπετασματα] παραπετασμα | 12 ηγιασμενους] αγιασμενους (ηγ. 22ᵃ) |
16 διωξεται] φευξεται 22 διωξεται 22ᵃ || iii. 1 εκ γης Αιγ.] om εκ γης hab 22ᵃ |
6 εποιησεν] -σε 22ᵃ -σεν 22 | 8 ελαλησεν] -σε 22ᵃ -σεν 22 | 12 ιερεις] κυριου 22ᵐᵍ ||
iv. 3 γυμναι]+γυνη και ανηρ αυτης (not ο ανηρ as H. and P.) | το Ρομμαν] το
αρμανα,—οροs της Αρμενιας sup lin | 3 λεγει κυριος]+κυριος sup lin | 4 και 2º]
om | 6 και εγω]+κυριος sup lin | 10 εξαπεστειλα]+κυριος sup lin | 11 κατε-
στρεψα]+ο θ̅ς κ̅ς sup lin | 13 διοτι]+ιδου 22+ιδου εγω 22ᵃ | χριστον] κ̅ς θ̅ς sup
lin || v. 3 κυριος κυριος] 22 (not "sem. tant." as H. and P.) | 5 εκζητειτε]
εκζητητε | 6 Ιωσηφ] Εφραιμ 22ᵐᵍ | 8 προσωπον] 22 (not προσωπου as H. and
P.) | 11 πτωχους] πτωχον | ωκοδομησατε] οικοδομηστε (sic) οικοδομησατε 22ᵃ |
12 ανταλλαγματα] αλλαγματα 22 ανταλλαγματα 22ᵐᵍ | 14 πονηρον] pr το | 16 ταις
οδοις] ταις hab 22 (not "om ταις" as H. and P.) | 17 ειπεν] 22 ειπε 22ᵃ | 18 ινα]
pr και | 21 θυσιας] hab 22 (not "om θυσιας" as H. and P.) | 22 σωτηριους]
σωτηριου || vi. 2 διελθατε] διελθετε | 11 ραγμασιν] 22 (not ρηγμασιν as H. and P.) |
14 εκθλιψουσιν] -σι || vii. 1 εδειξεν] 22 -ξε 22ᵃ | 4 εδειξεν] 22 -ξε 22ᵃ | εκαλεσεν]
22 -σε 22ᵃ | κυριος 1º] 22 (not +ο θ̅ς as H. and P.) | κυριος 2º]+ο θ̅ς | 7 εδειξεν]
22 -ξε 22ᵃ | 8 ειπεν] 22 -πε 22ᵃ | 13 εστιν 1º 2º] 22 -τι 22ᵃ | 15 ανελαβεν] 22 -βε
22ᵃ | ειπεν] 22 -πε 22ᵃ || viii. 1 εδειξεν] 22 -ξε 22ᵃ | Κυριος Κυριος] sem. tant. |
ειπεν] 22 -πε 22ᵃ | αγγος 2º] ΝΓ sup lin | ειπεν] 22 -πε 22ᵃ (not ειπον as H. and
P.) | 5 λεγοντες] 22 (not "pr οι" as H. and P.) | μετρον] pr το | 6 αντι υποδημ.]
ανθ υποδημ. | 9 το φως] φωτος 22 το φως 22ᵃ | 12 σαλευθησονται] σαλευθησεται ||
ix. 4 αποκτενει] αποκτενω 22 ᵘᵗ ᵛⁱᵈ αποκτενει 22ᵃ (τ sup lin scr) | επ αυτους] om |
6 αναβασιν] pr την | αναβασιν] επιβασιν | 7 εκ της Αιγ.] εις της Αιγ. | 9 λικμω]
λικμιω | 12 εκζητησωσιν] 22 -σι 22ᵃ | το ονομα μου] om μου hab 22ᵃ | 14 λαου
μου] λαου του μου | κατοικησουσιν] 22 -σι 22ᵃ ||.

In the vast majority of cases where 22ᵃ reads -σι, the final ν
stood in 22, but has been erased by a later hand.

26. (ζ)

"Cod. Vat. num. 556 membranaceus, in fol. duabus exaratus
columnis circa saec. XII." (H. and P.) ; but the title they give is
incomplete, Ἑξκαιδεκαπρόφητον; it should be, in full, Βιβλίον
ὃ καλεῖται ἑξακαιδεκαπρόφητον. It represents the recension of
Hesychius. Klostermann (p. 10) says it has been badly collated.
Cornill (ζ) says : " ζ zeigt sich als vollständiger Doppelgänger des
A, mit welchem er durch Dick und Dünn geht, und dessen

eigenthümliche Lesarten sich fast ausnahmslos auch in ζ finden"
(pp. 21, 64). In the appended list of instances, in which 26 has
readings differing from Q and the whole Hes. group, are one or
two exceptions to what Cornill says (Q within the bracket):

i. 2 Ιερουσαλημ] Ισραηλ | 14 εν ημερα πολεμου] εν ημερα πολεως μου ‖ ii. 2 και
μετα φωνης] και κραυγης ¦ 16 λεγει] ειπεν ‖ iii. 1 Ακουσατε τον λογον τουτον ον
ελαλησεν] om ‖ iv. 4 θυσιας] ουσιας | 7 μερις 2°]+μια | 8 ουδ ως επεστρεψατε]
και ουδ ουτως επεστρεψατε | 13 αναγγελων] απαγγελων ‖ v. 8 της γης] pr πασης |
16 ειδοτας] οδοντας (A ιδοντας) | 22 ενεγκητε] ενεγκης | 27 Δαμασκου] Βαβυλωνος ‖
vi. 2 βασιλειων] πολεων ‖ vii. 6 επι τουτω] επ αυτω | 14 ουκ ημην] ουκ ειμι | εγω]
om | 15 μου] σου ‖ ix. 1 του θυσιαστηριου] το θυσιαστηριον | 4 τους οφθαλμους]
το προσωπον (A) | 6 εκχεων] κατεχεων ‖ 26 usually reads -ωμαι for -ομαι[1].

In only two of these does 26 agree with A. In all the above
instances, with one exception, 26 goes against the M.T.; the
exception is in vii. 14, where ουκ ειμι προφητης of 26 is better
than ουκ ημην πρ. Q (M.T.: לֹא נָבִיא אָנֹכִי). Cf. further,
Cornill, pp. 63, 64.

36. (*o*)

H. and P.: "Cod. Vat. num. 347 membranaceus in fol. Continet
Pr. omnes, tam Maj. quam Min.; duabus columnis exaratus; c.
saec. XII. Nullum habet capitum divisionem. Legitur Esaias
cum Allegoriis in margine a posteriori manu descriptis." 36
belongs to the Lucianic group; it follows 22 very closely, more so
in fact than the other members of the sub-group 51 153 233.
Only in nine cases does it have a reading differing from the rest
of the Luc. group, and these are all unimportant.

48. (*η*)

H. and P.: "Cod. Vat. num. 1794 membr. in fol. c. saec. XI.
exaratus. Continet Pr. omnes, maj. et min., cum obelis et asteriscis.
Incipit Esaias, qui marg. divisus est in sect. 88 cum brevibus
Allegoriis ejusdem Prophetiae." Klostermann says of it only that
it has been badly collated (p. 11). It agrees in a marked degree
with 22 36 51 153 233 exhibiting independent readings in
only fifteen unimportant instances.

[1] For this permutation cf. W. and H., *Intr. N.T.* § 404.

49. (κ)

Belongs to the Hesychian group. H. and P. have this short note: "Cod. Biblio. Mediceae, signat. iv. plut. xi. saec. XI. Continet Pr. Maj. et Min." 49 is in the closest agreement with 238, and what is there said must, in great measure, be held here. In almost every case of variation these two go together; 49 stands alone in only eleven instances, the only two of any importance are: the omission of επι την γην ανευ ιξευτου, ει σχασθησεται παγις επι της γης in iii. 5; and the omission of κατεφαγεν η καμπη in iv. 9.

51. (θ)

H. and P.: "Cod. Bibl. Mediceae num. viii. plut. x. membr. in fol. saec. XI., optimae notae. Continet 12 Proph. Min. et 4 Maj., cum uberrimis scholiis marginalibus, quae progrediuntur usque ad Esaiam incl., et deinceps paucissima occurrunt. Conscriptus est charactere perspicuo et correcto, nulla capitum divisione facta." 51 has the least individuality of all those of the Luc. group, it has independent readings in two cases only: the omission in i. 14 of εν ημερα πολεμου και σεισθησεται, and in vii. 8 Κυριος ο Θεος instead of Κυριος. Whenever it varies in other passages, it is invariably in company with 36 153 233.

62. (τ)

This MS., together with 147, I have been able to examine, and collate (i.e. the text of Amos). It is in the possession of New College, Oxford, and is numbered XLIV. On the title page is written: Αρχη εξ και δεκα Προφητων. It contains 233 leaves, and one blank leaf at the end; they measure 12 by 8¾ in., each page having on the average 46 lines. It is not written in two columns like 147, but each line goes right across the page. The writing is not so easy to read as that of 22 and of 147. The two first pages are slightly mutilated, but the text is not affected. It is not all written by the same hand, for there are two distinct handwritings. The contents are as follows:

Preface and Commentary of Theodoret on Ezek. i.; Twelve Minor Prophets; Isaiah; Jeremiah; Baruch; Lamentations;

"Oratio" and "Epistola" of Jeremiah; Ezekiel; Daniel (κατὰ Θεοδοτίωνα); Susanna; Bel and the Dragon; Epit. gest. Regn. Juda & Isr.; Interpr. Ps. lxxxvi. of Eusebius Pamphil.; Cyril of Alex. on the visions of Isaiah; Macc. i., ii., iii.; Joseph. περὶ σωφρονισμῶν.

Most, but not all, of the names of the Min. Prophets are written in red ink at the beginning of their respective prophecies, —by a much later hand. There are paintings (at one time they must have been brilliant in colour, most of them are still well preserved, but some have lost a good deal of their colour) of all the Minor Prophets at the head of their respective books; besides these, there are paintings of King Hezekiah, Jeremiah (twice, at the commencement of his book, and at the com. of the προσευχή), Baruch (twice, at com. of "Ep.," and of Lam.), Ezekiel, Susanna. Authorities are not agreed on the recension to which 62 belongs; Field, *Orig. Hex.* I. Prol. p. lxxxviii, regards it as Lucianic. Cornill, *Ezek.* pp. 64, 65, has strong reasons for looking upon it as of an independent character; he says, for instance, on p. 64: "Eine Handschrift verdient noch eine besondere Erwähnung, die von mir τ bezeichnete, da dieselbe vielfach ihre eigenen, in höchst merkwürdiger Weise, von allen übrigen abweichenden Wege geht. Dieser Codex hat nämlich nicht weniger als 777 Lesarten, mit welchen er ganz allein steht." Klostermann, in speaking of 62 and 147 (the close relationship of the two will be referred to below), offers the following helpful remarks : "Die beiden waren von Field zur lucianischen Recenzion gerechnet, wenn er ihnen auch z. B. im Daniel einen. besonderen Platz einräumt. Cornill bestritt das für beide, ausserdem trennte er sie und wies 62 eine ganz singuläre Stellung an. Giesebrecht zieht jetzt 62 wieder zu Lucian und schweigt über 147. Ich meine auf Grund eingehender Untersuchung, die ich hier nicht vorlegen kann, behaupten zu dürfen, dass beide Handschriften aufs engste zusammen gehören; dass beide der Grundlage ihres Textes nach zu den für Lucian in Anspruch genommenen gehören ; dass beide in verschiedenen Büchern verschieden stark hexaplarisch infiziert sind; dass im Ezechiel 62 diese Beeinflussung allerdings stärker zeigt als 147, wenn auch dieser nicht so frei davon ist, wie es nach Cornill scheinen könnte. Der Barberinus (H. and P. 86) geht gern mit 62 und 147 zusammen." *Analecta zur LXX., Hex. u. Patr.* ss. 50, 51. Swete regards them both as Lucianic.

A comparison between the singular readings of 62, 147 and the Complut. (which is supposed to be Lucianic, though this may be doubted, at any rate for the Dodekapr.) offers no help whatever in arriving at any conclusion. Whenever either 62 or 147 agrees with the Compl. in a reading which is to some extent singular, they are never quite alone in that agreement; and whenever the Compl. has a reading which differs from the Luc. group, it differs also from 62 and 147. In fact, generally speaking, the differences between the Compl. and the Luc. group are occasioned by the former having a reading approximating as closely as possible to the M.T. (for illustrations of this see p. 79). A comparison between 62 (or 62 and 147 where they agree) and the O.L. (one would wish that there were more of the latter available) shows an almost entire disagreement. In the following instances 62 (or 62 and 147) stand entirely, or almost entirely, alone, against the Lucianic group (Luc. within the bracket):

v. 25 μη...προσηνεγκατε μοι τεσσαρακοντα ετη εν τη ερημω οικος Ισραηλ;] μη...προσηνεγκατε μοι εν τη ερημω Ισραηλ μ' ετη; 147 Numquid...optulisti mihi XL. annis domus istrahel O.L. (It is to the order of the words in the latter half of the verse that attention is drawn, besides the omission of οικος 147) || vi. 2 των υμετερων οριων] των ημετερων οριων 147...quam vestri sunt fines. | 7 δια τουτο νυν] om νυν 62 147 propter hoc nunc O.L. | 8 καθ εαυτου]+λεγων Κυριος ο Θεος των δυναμεων 62 147, O.L. omits this || vii. 13 και οικος εστι βασιλειας] 62 147 et domus regni erit O.L. | 14 ουδε υιος προφητου] om 62 neque filius profetae sum ego O.L. | 15 και ειπεν Κυριος προς με] om Κυριος 62 147 hab O.L. | 16 επι τον Ισραηλ] επι τον οικον Ισραηλ 147 in istrahel O.L. || viii. 2 επι τον λαον μου Ισραηλ] επι τον Ισραηλ 62 επι οικον Ισραηλ 147 super populum meum istrahel O.L. | 12 σαλευθησεται vel συναχθησονται] σαλευθησονται 62 147 movebuntur O.L. (the solitary instance in which 62 and 147 are supported against the rest by O.L.) | 14 ο Θεος σου] om σου 62 147 dominus tuus O.L. || ix. 1 επι το ιλαστηριον] επι το θυσιαστηριον 62 147 super propitiatorium O.L. | 7 λεγει Κυριος] om 62 147 hab O.L. ||

While recognizing the scantiness of the material and the smallness of the scope, one must admit that, so far as the book of Amos goes (but what holds good for one book of the Dodekapr. probably holds good for all), Cornill seems justified in his contention that neither 62 nor 147 belongs to the Luc.

recension¹. But it will be well next to compare 62 and 147 with the Hes. and Luc. groups. First will be given some cases wherein 62 stands quite alone (62 within the bracket):

iii. 12 εν Δαμασκω καινη] εν Δαμ. κλινει Hes. (the Luc. MSS. almost all differ slightly) ‖ iv. 9 του ασεβησαι ους επληθυνατε ους κηπους υμων] επληθυνατε κηπους υμων Hes. και επληθυνατε του ασεβησαι ους κηπους υμων Luc. ‖ v. 3 om υπολειφθησονται εν αυτη εκατον και εξ ης εξεπορευοντο εκατον] hab Hes. Luc. | 5 om και Βαιθηλ εσται] hab Hes. Luc. ‖ i. 1 εν Θεκουε] εκ Θεκουε Hes. Luc. ‖ ii. 2 θεμελια αυτων] om αυτων Hes. Luc. | πολεων] pr των Hes. Luc. ‖ v. 8 νυκτας] νυκτα Hes. Luc. | 11 ποιητε] πιητε Hes. Luc. | 15 εμηισησαμεν] μεμισηκαμεν Hes. Luc. | 16 Κυριος]+ο θεος Hes. Luc. | 18 επιθυμουνται] επιθυμουντες Hes. Luc. ‖ vi. 12 θυμω] θυμον Hes. Luc. ‖ vii. 4 om και κατεφαγε την αβυσσον την πολλην] hab Hes. Luc. | 10 Αμεσιας] Αμασιας Hes. Luc. | υπερενεγκειν] υπενεγκειν Hes. Luc. | 14 om ουδε υιος προφητου] hab Hes. Luc. ‖ viii. 1 αγγελος] αγγος Hes. Luc. | om και ειπεν κυριος προς με Τι συ βλεπεις Αμως; και ειπον Αγγος ιξευτου] hab Hes. Luc. ‖ ix. 8 om εξαρω αυτην απο προσωπου της γης· πλην οτι εις τελος] hab Hes. Luc. ‖

There follow now some readings which are peculiar to 62 and 147, compared with Hes. and Luc. (62 and 147 within the bracket):

i. 1 Ακκαρειμ] καριαθιαρειμ Hes. Luc. | περι Ιερ.] υπερ Ιερ. Hes. επι Ιερ. Luc. | 2 ειπε] και ειπεν Hes. Luc. | 3 ασεβειαι] ασεβειαις Hes. Luc. | των εν Γαλααδ] Hes. των Γαλααδιτων Luc. | 6 αυτην] αυτους 1° Hes. Luc. | 9 θεμελια] pr τα Hes. Luc. | 11 μητερα] μητραν Hes. Luc. | αυτου 1°] Hes. εαυτου 1° 2° Luc. | νικος] Hes. νεικος Luc. | 12 εις Θεμεν] εις Θαιμαν Hes. εκ Θαιμαν Luc. | 13 εμπλατυνωσι -σιν 147] ενπλατυνωσιν Hes. Luc. | 15 αυτων] Hes. αυτου 2° Luc. ‖ ii. 3 παντας αρχοντας]+αυτης Hes. + αυτου Luc. | 5 Ισραηλ] Ιερουσαλημ Hes. Luc. | 6 αυτων] αυτον Hes. Luc. | δικαιον αργυριον εν κρισει] δικαιον αργυριον Hes. το δικαιον αργυριου Luc. | 11 οι υιοι] om οι Hes. Luc. | 13 καλαμην] καλαμης Hes. Luc. ‖ iii. 4 om εκ της μανδρας αυτου] hab Hes. Luc. | 10 εγνων] εγνω Hes. Luc. | 14 κατασφαγησεται] κατασκαφησεται Hes. Luc. ‖ iv. 9 ικτερω] εν ικτερω Hes. Luc. | om προς με] hab Hes. Luc. ‖ v. 1 εις θρηνον] om εις Hes. Luc. | 15 ηγαπησαμεν] ηγαπηκαμεν Hes. Luc. | 17 ταις οδοις] om ταις Hes. Luc. | εν μεσου σου] δια μεσου σου Hes. Luc. | 18 επι] εστι Hes. Luc. | 19 οταν] εαν Hes. Luc. | λεοντος] pr του Hes. Luc. | 26 Ρεφαν] Ραιφαν Hes. Luc. ‖ vi. 2 σημαθ την μεγαλην] Hes. Luc. MSS. all differ | 7 om νυν] hab Hes. Luc. | 14 επεγερω] επεγειρω Hes. Luc. | του Ισραηλ] Hes. om του Luc. | θλιφουσιν] εκθλιψουσιν Hes. Luc. ‖ vii. 7 Κυριος ο Θεος] om ο Θεος Hes. Luc. | 10 εις Βεθηλ] Βαιθηλ Hes. Luc. | 15 om Κυριος 2°] hab Hes. Luc. ‖ viii. 10 αυτην]

¹ I.e. judging by the witness of O.L.; and therefore *Amos* does not support Burkitt's contention : "The MSS. 62, 147 contain Luc. readings, but their singular element is often akin to the Old Latin." *Rules of Tyc.* p. cviii.

αυτον Hes. Luc. | 14 αναστησουσιν] αναστωσιν Hes. Luc. || ix. 1 τω θυσιαστηριω] του θυσιαστηριου Hes. Luc. | 3 ληψομαι] Hes. ληψονται Luc. | εκει] εκειθεν Hes. Luc. | 4 εκειθεν] εκει Hes. Luc. | 7 om λεγει Κυριος] hab Hes. Luc. | 11 εν ταις ημεραις εκειναις] εν τη ημερα εκεινη Hes. Luc. | 14 τας πολεις] om τας Hes. Luc. | καρπους] κηπους Hes. Luc. | 15 καταφυτευσουσιν] καταφυτευσω Hes. Luc. ||

There are, besides these, 106 smaller variations in which either 62 or 147, or both, stand alone; but as they are for the most part orthographical or itacistic errors, I have not thought it necessary to indicate them in detail. The above given 71 cases of singular readings seem on the one hand to support Cornill when he speaks of the special individuality of 62,—but on the other they justify Klostermann in his contention that "beide (62, 147) aufs engste zusammen gehören"; this last remark will be further illustrated presently (pp. 14, 15). A careful comparison with M.T. only serves further to emphasize the independent character of both; the M.T. almost invariably goes against them in their singular element.

The fragments of Aquila are not sufficient to afford any reliable witness for the book of Amos; in one or two unimportant instances (e.g. i. 13 οπως εμπλατυνωσι, viii. 9 φωτος) 62 and 147 agree with Aquila as against every other MS.; but the materials are too scanty to form any judgement (as far as *Amos* is concerned). Upon the alleged relationship between 62 and Aquila vide Cornill pp. 64, 104, 108. A somewhat striking characteristic of 62 is the very frequent recurrence of a particular form of itacistic error, namely the substitution of αι for ε in the second person plur.[1]; this is not shared by 147.

Finally, appended are the additions and corrections to H. and P.'s app. crit. which my collation reveals. First those that concern 62 alone, secondly those in which 62 and 147 are identical; these latter will further illustrate Klostermann's contention mentioned above (H. and P. text in bracket):

i. 1 ποιμενων] ποιμαινων | 6 συγκλεισαι] συγκλησαι | 9 τεσσαρσιν] τεταρσιν | 11 τεσσαρσιν] τεταρσιν | 12 Θαιμαν] Θεμαν | 13 τεσσαρσιν] τεταρσιν || ii. 2 αδυναμια] αδυναμεια | 4 τεσσαρσιν] τεταρσιν | 6 τεσσ.] τετ. | 7 βεβηλωσιν] βεβηλωσωσι | 8 συκοφαντιων] σικοφαντιων | 14 κρατηση] -σει || iii. 3 γνωρισωσιν]

[1] W. and H., *Intr. to N.T.* p. 309, § 404.

γνωρησωσιν | 6 πτοηθησεται] πτωηθ. | 7 παιδειαν] παιδιαν | 11 χωραι σου] χωραις σου | 12 λοβον] λωβον | εν Δαμασκω]+καινη | 14 κατασκαφησεται] κατασφαγησεται || iv. 4 ασεβησαι] ασεβεισαι | το πρωι] τω πρωι | 8 πολεις] πολϊς | εμπλησθωσιν] εμπληθωσι | 9 επληθυνατε]+του ασεβησαι ους (not οις as H. and P.) || v. 3 δια τουτο] διο ταδε | 5 Βαιθηλ] βεθηλ | 6 αναλαμψη] -ψει | 8 το πρωι] τω πρωι | εγχεων αυτο] εγχ. αυτω | 9 ταλαιπωριαν] ταλαιπωριαν | 10 εμισησαν] εμησησαν | 11 πιητε] ποιητε | 15 μεμισκηκαμεν] εμησησαμεν | 19 εμπεση] -σει | ειπηδηση] -σει | 21 μεμισηκα] μεμισικα | απωσμαι] αποσμε (sic) | 22 ενεγκητε] ενεγκειται || vi. 1 πεποιθοσιν] πεποιθωσιν | 2 πλεονα] πλειωνα | 4 καθευδοντες] καθευδωντες | κλινων] κλην ων | 5 ελογισαντο] ελογησαντο | 6 επασχον] επασχων | 10 προεστηκοσι] -ωσι | σιγα] σηγα | 12 θυμον] θυμω | 13 ευφραινομενοι] ευφρενομενοι | 14 Εμαθ] ημαθ || vii. 6 Κυριος]+ο θεος | 10 Αμασιας] αμεσιας | 13 βασιλεως εστιν] βασιλεω εστι | 14 Αμασιαν] αμεσιαν | 17 πεσουνται] πεσαινται | καταμετρηθησεται] -τριθησεται || viii. 5 εμπολησομεν] -σωμεν | εμπορευσομεθα] -σωμεθα | 7 επιλησθησεται] επιλισθησεται | 13 οι νεανισκοι] om οι || ix. 1 επι του θυσιαστηριου] τω θυσιαστηριω | 4 αποκτενει] αποκτενω 62 -ει 62ᵃ | 6 εκχεων αυτο] εκχεων αυτω | 7 Αιθιοπων] αιθιωπων | εστε] εσται | Καππαδοκιας] Καπαδοκιας | 8 εξαρω 1° -εις τελος] hab 62 (not "om cum intermed." as H. and P.) | ουκ εις τελος] εις τελος ου μη | 9 πεση] -σει | 11 πεπτωκοτα] πεπτοκοτα | 13 τα ορη] τα ορει ||.

In the cases that follow now 62 and 147 have identical readings (H. and P. within bracket):

i. 3 επριζον] επριζων | 6 αυτους 1°] αυτην | Σαλωμων] σαλομων | συγκλεισαι] συγκλησαι | 9 Σαλωμων] σαλομων || ii. 7 εκονδυλιζον] -ων | 12 ενετελλεσθε] ενετελεσθαι || iii. 14 Βαιθηλ] βεθηλ || iv. 2 λημψονται] λειψονται 62 147 ληψονται 62ᵃ | 4 εισηλθατε] εισηλθετε | Βαιθηλ] βεθηλ || v. 2 εσφαλεν] εσφηλεν | 16 ειδοτας] ιδοτας | 23 ωδων] οδων || vi. 2 διελθατε] διελθετε | 10 ενεκα] ενεκεν || vii. 2 συντελεση] συντελεσει | 13 Βαιθηλ] βεθηλ | 14 αλλ η] 62 147 (not αλλα as H. and P.) | 17 τελευτησεις] τελευτησης || viii. 6 αντι] ανθ | 12 σαλευθησονται] σαλευθησεται (not συναχθησεται as H. and P.) || ix. 15 απο της γης] 62 147 (not+αυτων as H. and P.)[1].

The correspondence on so many small and unimportant points between 62 and 147, in which they differ from every other MS., emphasizes the close relationship between the two. On the whole, and to judge from what are admittedly somewhat limited data, the evidence from the book of Amos seems to favour Cornill's view with regard to the recensional character of 62, and Klostermann's view with regard to the close relationship

---

[1] These, being only supplementary to H. and P., do not of course represent one tithe of the correspondence between 62 and 147. There are 265 cases in the book of Amos.

between 62 and 147. In the app. crit. on pp. 25 ff. these two MSS. have nevertheless been incorporated with those of an acknowledged Luc. character, firstly, because of the high authorities who claim this character for them, and secondly, because they could in no case have been classed among the Hes. MSS.

68. (ψ)

" Venetus v. Bessarionis," so-called on account of its having once been in the possession of Cardinal Bessarion. It contains the whole of the O.T.; 15th century. According to Klostermann 68, 120, 121 are all parts of the same MS.

This MS. (68) belongs to the Hes. recension (Cornill, pp. 66—79), and to the sub-group 68 87 91 [238]. The special interest attaching to it is the fact that it so closely agrees with the Aldine text; Cornill's remark, " ist ja doch auch...der Codex Bessarionis, ψ..., die Vorlage der Aldina[1] gewesen," is fully borne out by a comparison between the two. In *Amos*, a comparison between B (Cambr. Ed.) on the one hand, and 68 and the Aldine on the other, shows identical readings between the two latter against the former to the number of 225[2]; in these, moreover, 68 and Ald. differ more or less from the majority of the Hes. MSS., though agreeing here with one and there with another of these.

The following are some instances of singular readings of 68 and Ald. (the Hes. group is represented in the bracket):

i. 1 ειδεν] ειπε | 11 τον αδελφον αυτου] τους αδελφους αυτου | 13 υιων] ημων || ii. 4 τον νομον]+τον φυσικον || iii. 11 Τυρος κυκλοθεν η γη σου ερημωθησεται] ερημωθησεται Τυρος και κυκλοθεν η γη σου αφανισθησεται || iv. 2 εμπυροι λοιμοι] ερημοι λοιμοι | 7 τρυγητου] θερισμου || v. 8 συσκοταζων] pr και | 11 δια τουτο] +ουτως (λεγει) Κυριος || vii. 8 αυτον] αυτο || viii. 11 διψαν] λιμον | 13 αι παρθεναι αι καλαι] αι παρθεναι εκειναι αι καλαι || ix. 2 ανασπασει] αναπαυσει | 7 υιοι Ισραηλ] om υιοι | 14 ηφανισμενας] ηδαφισμενας ||.

87. (β)

H. and P.: " Cod. Bibliothecae Chisianae, in fol. scriptus, charactere saec. IX. Continet Prophetas omnes, maj. et min.,

---

[1] Cornill only used the text of the Aldine as seen in H. and P.'s app. crit.; an examination of the Aldine text itself only confirms his view.

[2] In ten of these 68 differs from Ald.

cum commentariis variorum interpretum. Lectiones variae sunt perpaucae et anonymae. Initio Codicis reperitur aliquid corrosi, quod tamen facile legi potest. Incipit ab Osea Propheta." Stroth assigns it to the 10th century (cf. Cornill, pp. 19, 21). It belongs to the Hes. group, and stands in very close relationship with 68 91 238, especially with the last of these.

91. (μ)

H. and P.: "Cod. Bibl. Vat. signat. 452, membranaceus, eleganter scriptus c. XI. saec. Continet omnes Prophetas, min. et maj., cum catena Patrum, nitido, sed quam exiguo charactere circa textum scripta. Incipit ab Osea, cujus versus numerantur τμα. Olim pertinebat hic Cod. ad thronum Alex., ut testantur in primo fol. inscriptiones; quarum una est Arabica, Patriarchae Athanasii (A.D. 1283); altera Graeca, Patriarchae Joachimi." It is Hes., and is very closely allied to 238.

95, 185.

These two MSS. are very closely allied; their date is the 11th century (Swete, p. 167), and they belong to the Lucianic recension. Cornill does not mention them in his *Ezekiel*. 95 has a commentary on the Dodekapr. by Theodore of Mopsuestia; its title is: Θεοδωρου Αντιοχεως Ερμηνεια εις τους Προφητας. They are both in the Library at Vienna. It rarely happens that they disagree, and if they do, it is on some unimportant detail. Appended are the instances in which they go together (excepting when otherwise specified) against the rest of the Luc. group (Luc. group in bracket):

i. 6 ο του συγκλεισαι] om του | 8 εξαρθησεται] εξαριθμησεται 95 εξαριθμηθησεται 185 | 9 του σαλομων] τους σαλομων | 12 εκ Θαιμαν] εις Θαιμαν | 13 ενπλατυνωσιν] αν πλατυνωσι | 15 Μελχομ] Μελχωμ || ii. 1 αυτον] αυτων | 6 το δικαιον αργυριου] tr. | 9 κεδρου] κεδρον 95 κενδρον 185 | εκ γης Αιγυπτου και περιηγαγον] om 185 || iii. 1 Αιγυπτου] pr εκ της 95 | λεγων] om 95 | 8 ερευξεται] εξερευξεται 185 | 9 επι το ορος] επι τα ορη | 12 εν Δαμασκω] Δαμασκου || iv. 3 το Αρμανα] om το | 4 εις το πρωι] om εις το 95 | 7 βρεξω επι πολιν μιαν, επι δε πολιν μιαν ου βρεξω] om | 8 συναθροισθησονται] -θησεται | 9 επληθυνατε]+του ασεβησαι· νοσοις υμας περιεβαλον ποικιλαις, υμεις δε επετεινετε την ασεβειαν· ους επληθυνατε | 12 σοι Ισραηλ· πλην οτι ουτως ποιησω σοι] om || v. 6 Ιωσηφ] pr του | σβεσων] σπεσων | τω οικω] τον οικον | 8 συσκοταζων] συσκοταζει | 11 κατοικησητε] οικησητε | 13 καιρος πονηρος] pro o | 14 ουτως μεθ υμων] μεθ υμων ουτως | 16 ουαι ουαι] θρηνος | 19 απερεισηται] απερειση | 21 απωσμαι] pr και | 26 Ραιφαν] Ρεμφαν ‖ vi. 2 Αιθαμ 95 185 (Luc. MSS. diverse) | 6 ουδεν] om | 10 εκ του οικου] om εκ | 13 εσχομεν] εχομεν ‖ vii. 1 εδειξε] εδοξε | 4 εδειξε] εδοξε | 11 λεγει] +κῡ (sic) | 14 ουκ ημην προφητης εγω ουδε υιος προφητου ειμι εγω, αλλα αιπολος ημην] ουτε προφητης ημην, ουτε προφητου υιος, ημην δε αιπολος εγω ‖ viii. 1 ουτως εδειξεν μοι] εδειξε γαρ μοι φησι | 4 απο της γης] επι της γης 185 | 14 αναστωσιν] ανιστωσιν ‖ ix. 1 διασωθη] σωθη | 4 κακα] pr τα 185 ‖.

These examples would seem to show that 95 185 possess a certain amount of independence.

106. (χ)

A 14th century MS. in a monastery of Carmelite monks at Ferrara.   It contains the whole of the O.T., and with 107 forms a single manuscript.

A careful study of this MS. would, I venture to think, be well worth the trouble, for to judge from the various singular readings it has, even in the short book of Amos, it appears to possess a considerable amount of individuality.   That it belongs to the Hes. rec. is clear from its substantial agreement with the other MSS. of this group, but that a Hes. MS. is not its sole authority seems equally clear.   Of the fifty odd singular readings in the book of Amos some are distinctly interesting, e.g.:

i. 5.   λαος Συριας the usual reading is rendered λαος Ασσυριας (in this case, however, 91 agrees with 106); in i. 9 for the usual Ιδουμαιαν 106 reads Ιουδαιαν.   iii. 6 is almost entirely omitted, all that 106 reads is: ει φωνησει σαλπιγξ εποιησεν; so too with v. 18; considerable omissions are also found in viii. 8, ix. 14.   In vii. 16 it gives what is more like a paraphrase of the LXX. than anything else; and in vii. 1 επιγονη ακριδων is rendered by 106 επι γονυ ακριδων!   Apart from its singular readings, 106 agrees closely with 49.

147. (v)

H. and P.: "Codex Bibliothecae Bodleianae, olim Laud. K 96, nunc Graecus 30."   In the catalogue at the Bodl. this note is given: "Membranaceus, in folio, ff. 413, sec. forsan XII. exeuntis, bene exaratus et pictus; olim Joachimi metropolitae [ob. 1522]."

The Septuagint

In the Preface to *Daniel* the date is given as of the XIII. cent.
On the first sheet is inscribed: "Liber Guilmi Laud Archiepī
Cant. et Cancellarii Universitatis Oxon." The average size of the
leaves is 11 × 7¾ in. From the Minor Prophets to the end there
are two columns to the page, otherwise the lines run right across
the page. There are marginal notes (by a later hand) to Amos,
Zeph., Hag., Zech., and Mal.; also to Isaiah on the first eight
pages, after which they cease. As in 62, there are a number of
paintings; all the Minor Prophets, Isaiah, Jeremiah, Ezekiel and
Daniel are represented, the last among lions; there is also a
picture of the vision of the four beasts. These paintings are in
the same style as those in 62, but they are about twice as large.
The entire contents of 147 are:

Proverbs, with "Catena Patrum"; Ecclesiastes, with Cat.;
Cant., with Cat.; Job, with Cat.; Minor Prophets; Is.; Jer.; Ep.
of Jeremiah; Ezek.; Dan. (secundum versionem Theodotionis,
praemissa Susannae historia); Vita de S. Maria Aegyptiaca, fragm.
foliis novem chartaceis scripta.

Appended are my additions to H. and P. (H and P. in
bracket):

i. 1 ειδεν] ειδε | εν 2°] hab (not as H. and P. "147 corr. a rec. m. εκ") |
9 ασεβειαις] ασεβειας | 11 μητερα] μητραν 147ᵃ μητερα 147 ‖ ii. 2 αδυναμια]
αδυναμεια 147 αδυναμα 147ᵃ | 7 πτωχων] πτωχον | 13 αμαξα] αμαξ 147 αμαξα
147ᵃ | εκ δρομεως] ? 147 εκ δρομεως 147ᵃ | 14 κρατηση] 147 -σει 147ᵃ | ισχυος]
147ᵃ ισχυως 147 | σωσει] σωση 147 σωσει 147ᵃ | 15 σωσει] σωση 147 σωσει 147ᵃ ‖
iii. 3 εαυτους] εαυτοις 147 εαυτους 147ᵃ | 7 παιδειαν] παιδιαν 147 παιδειαν 147ᵃ |
8 προφητευσει] -ση 147, -σει 147ᵃ | 12 εκσπαση] εκσπασει 147 -ση 147ᵃ | ιερεις]
begins a new verse, the I being a capital and coloured red | 13 επιμαρτυρασθε]
επιμαρτυ**ρασθε (three letters here illegible) | 14 κατασκαφησεται] ? 147 ‖
iv. 4 επληθυνατε] pr και | 5 εμπλησθωσιν] εμπληθωσι 147 εμπλησθωσι 147ᵃ ‖
v. 2 επι της γης αυτης] ουκ εν Αιγυπτ. αλλ' εν τη Ιουδα 147ᵐᵍ | 6 αναλαμψη] -ει
147 -η 147ᵃ | 8 Κυριος]+ο θεος ο παντοκρατωρ (not as H. and P. Κυριος ο Θεος) |
18 εστιν] εστι 147 επι 147ᵃ | 19 απερεισηται] απερησηται 147 απερισηται 147ᵃ |
επι τον τοιχον] 147 (not εις τον τ. as H. and P.) | 22 ενεγκητε] ? 147 ενεγκητε
147ᵃ ‖ vi. 1 αυτοι] εαυτοις 147 ᵘᵗ ᵛⁱᵈ αυτοι 147ᵃ | 10 λημψονται] λειψονται 147
ληψονται 147ᵃ | 14 Εμαθ] ιμαθ 147 ειμαθ 147ᵃ ‖ vii. 5 αναστησει] -ση |
10 εξαπεστειλεν] -ε | Αμασιας] μεσιας | 11 τελευτησει] -ση | 13 ουκετι προσθεις]
147 (not as H. and P. ουκετι μη πρ.) | 14 και κνιζων] om και | 17 πορνευσει] -ση |
και συ εν γη] και εσυ εν γη ‖ viii. 3 σιωπην] σι**ωπην (three letters illegible) |
5 λεγοντες] 147 (not as H. and P. "pr οι") | μετρον] μητρον | 7 επιλησθησεται]

επιλισ. 147 επιλησ. 147ᵃ | 8 πενθησει] -ση 147 -σει 147ᵃ | 11 κυριος] 147 (not as H. and P. "bis scr.") | 13 εκλειψουσιν] εκληψ. 147 εκλειψ. 147ᵃ || ix. 1 ανασωζομενος] ανασωμενος 147 ανασωζομενος 147ᵃ | 6 Κυριος]+ο θεος (not as H. and P. ο θεος ο Παντοκρατωρ) | 12 εκζητησωσιν] 147 (not as H. and P. "+με") | εφ ους] εφ α | 13 περκασει] -η ||.

See further on this MS. pp. 10—14.

153¹.

H. and P.: "Cod. Palat. Heidelb. Bibl. Vat. in Charta bombycina; signat. num. 273. Continet Cyrillum Ep. Alex. in aliquot prophetas; ex Minoribus deest tantum Zacharias." Swete gives the date x. cent. (p. 167). It belongs to the Luc. Recension, and to the sub-group 36 51 233 with which it closely agrees².

233. (ρ)

H. and P.: "Cod. Vat. membr. num. 2067, olim monasterii S. Bas. in 4ᵗᵒ. Con. Pr. omnes, tum Maj. tum Min. saec. XII. exaratus. Liber Esaiae divisus est in cxxix. sectiones: asterisci, tanquam virgulae, a prima manu in marg. notantur." Field and Swete reckon it as Luc., not so Cornill; but in view of its very close relationship to 36 51 153, which are admittedly Luc., it is difficult to see why it should not be regarded as belonging to the same recension.

228. (φ)

"Cod. Vat. bombycinus, num. Gr. 1764." H. and P. give the date "c. saec. XIII.," but in their preface to Daniel there is this note, "228, saec. XIV." This MS. contains all the Prophets, together with a Catena, and "Lives of the Prophets" by Dorotheus, added to the Minor Prophets. There are many interlinear and marginal notes, additions and corrections, which are interesting as indicating to which recension the MS. belongs. It is regarded as belonging to the Hesychian group by Cornill (pp. 24, 66 f.) and Swete (pp. 167, 482); Klostermann, however, was led to a somewhat different conclusion: "Mir fiel im Iesaia schon früh

---

¹ Cornill does not discuss this MS.

² In the book of Micah this MS. exhibits considerably more individuality than in *Amos*.

ihr Schwanken zwischen jener Familie (Hes.) und Lucian auf.
Las ich nun noch die Bemerkung der Oxforder: Inter lineas
notantur ab altera antiqua manu variae lectiones ex aliis ex-
emplaribus, so schien mir sicher, dass sie zwar ursprünglich der
genannten Gruppe angehörig, später Lucian korrigiert sei (pp. 13,
14). This is a conclusion which one feels to be irresistible when
comparing 228 with MSS. which are without question Hesychian
or Lucianic. The additional remark may however be made that
the additions and corrections are not exclusively Lucianic, but
that among the "alia exemplaria" were some of a Hesychian type
as well; only on this supposition can some of the corrections be
explained. Many of the readings (of the original hand) agree
with Luc. MSS. against Hes. MSS., so much so that it would
appear that the writer of this MS. made use of MSS. belonging
to both the Hes. and Luc. recensions, leaning, in his choice of
readings, to the former rather more than to the latter. Then, as
has just been remarked, later corrections and additions were made
from Hes. as well as from Luc. MSS. The witness of this MS.
is therefore entirely unreliable, and for this reason has not been
included in the *apparatus criticus*.

A few examples of Lucianic corrections are appended:

i. 11 επι γης

This is corrected to επι την γην; all the Hes. MSS. have
επι γης, while all the Luc. MSS. have επι την γην.

i. 12 εις Θαμαν

Corrected to εκ Θαιμαν, which is preponderantly, though
not exclusively, Lucianic.

iv. 3 και εξενεχθησεσθε γυμναι κατεναντι αλληλων

This is the reading of every Hes. MS. (with the exception
of 238 which frequently has Luc. readings, see below),
whereas the marginal addition γυνη και ανηρ αυτης after
γυμναι is thoroughly Lucianic (it is however omitted by the
Complutensian).

iv. 9 επληθυνατε

The marginal addition here is pr και + του ασεβησαι ους;
no Hes. MS., excepting 238, has this addition, whereas all

the Luc. MSS., excepting two, have it (the Compl. again omits).

vi. 2 διαβητε παντες και ειδετε

The addition εις Χαλανην is made, which, though found in two Hes. MSS., is characteristically Lucianic (the Compl. omits it; Vulg. has it).

vi. 8 ωμοσεν Κυριος καθ' εαυτου

There is added: λεγων Κυριος ο θεος των δυναμεων, which is preponderantly Luc. (it is om. by the O.L. and the Compl. but the Vulg. has it).

viii. 5 και τα σαββατα

After και is inserted in all Luc. MSS. ποτε ηξει, but no Hes. MSS., unless [238] be an exception, have these words (O.L. and Compl. omit).

ix. 3 εαν εγκατακρυβωσιν

Above the line και is added which all Luc. MSS. have, but no Hes. (the Compl. omits και).

ix. 10 λαου μου

Mg. pr του, a Luc. correction; no Hes. MS. reads του (Compl. here agrees with the Luc. MSS.).

ix. 10 επ αυτους

Above the line is the correction επ αυτα, which is Lucianic; no Hes. MS., excepting 238, has it (the Compl. again witnesses against Luc.).

On the other hand the following are some examples where the original reading is of a Lucianic character while the addition or correction is Hesychian:

ii. 16 ο κραταιος ου μη

This is omitted, in common with most Luc. MSS. (and Compl.), but added in the mg., apparently from a Hesychian MS., as almost all the Hes. MSS. have it (Q is an exc.).

iii. 9 καταδυναστειαν

All Luc. MSS. but two (Compl. as well) read this without the art. την, all Hes. MSS. read την; the mg. addition therefore must be a Hes. correction.

v. 11 ξεστους

    This is corrected to ξυστους which all the Hes. MSS. have, whereas ξεστους is Luc.; Compl. also reads ξεστους.

viii. 1, 2 ιξευτου· και ειπεν Κυριος προς με Τι συ βλεπεις Αμως και ειπον Αγγος

    These words are omitted; the omission is found only in Luc. MSS., every Hes. MS. has the words; when, therefore, we find that a later hand has added them in the mg. of 228, the probability is that the addition is made from a Hes. MS.

viii. 6 πασης πραξεως

    This is what nearly all the Luc. MSS. read; the Hes. have παντος γενηματος (Compl. reads πασης παραθεσεω;).

ix. 1 ιλαστηριον

    The mg. reads θυσιαστηριον which is a Hes. correction (O.L. super propitiatorium; Compl. θυσιαστηριον).

    The variations here may not appear to be of an important character, but they seem to throw some light on the recensional character of the parents of 228. The cumulative evidence is stronger than that of individual cases; there are approximately (in the book of Amos) eighty Lucianic corrections, fifty Hesychian corrections, fifty instances in which 228 differs from both the Luc. and Hes. readings, and some sixty where all three agree.

238. (G)

    Holmes and Parsons remark on this MS.: "Cod. Bibl. Vaticanae, signat. 1553. Continet Ezekielem cum Catena Patrum." As readings are cited from it in the App. Crit. of every single book of the Minor Prophets, this description is misleading. It should really be numbered " 97," as this number represents that part of the MS. which contains the Minor Prophets. As Klostermann (p. 11) has pointed out, the two Vatican numbers gr. 1153 and gr. 1154, which are parts of the same MS., are equivalent to H. and P.'s 33 97 238, these being likewise parts of one and the same MS.; 1153=97, and 1154=33 238; of these 33 contains Jer., Dan., 97 the Minor Prophets and Isaiah, 238 Ezekiel.

This MS. is classed among those of the Hesychian recension (Cornill p. 20, Swete pp. 167, 482); a comparison, however, between it and other Hes. MSS. reveals the fact that it frequently disagrees with them, and as frequently agrees with those that are admittedly Lucianic. The following are some examples of this from the book of Amos (the Hesychian reading is within the bracket, the Luc. and 238 outside):

i. 3 αυτον] αυτην | των εν Γαλααδ] των Γαλααδιτων | 11 αυτους 1°] αυτην | αυτους 2°] αυτον | τον αδελφον αυτου] τον αδελφον εαυτου | επι γης] επι την γην | 12 εις Θαιμαν] εκ Θαιμαν | 15 πορευσονται] πορευσεται | οι βασιλεις αυτης] Μελχομ | ii. 3 κριτην] κριτας | 6 αργυριου δικαιον] το δικαιον αργυριου | 9 εξηρανα] εξηρα | 16 ευρησει] ευρη | διωξεται] φευξεται | iii. 12 εν Δαμασκω] +κλινει | 14 πεσουνται] πεσειται | 15 προστεθησονται] αφανισθησονται | iv. 3 γυμναι]+γυνη και ο ανηρ αυτης | 9 επληθυνατε] pr και+του ασεβησαι ους | v. 3 υπολειφθησονται 1° 2°]+εν αυτη | vi. 1 αυτοι] εν αυταις | 2 ειδετε] ιδετε εις Χαλαννην | τα ορεια αυτων εστιν] εστιν τα ορια αυτων | viii. 3 ουκ εστι] ου μη γενηται | 14 κνιζων συκαμινα] tr | viii. 5 τα σαββατα] pr και ποτε ηξει | 5 μετρον μικρον] μικρον το μετρον | ix. 8 των αμαρτωλων] την αμαρτωλον | ουκ εις τελος] εις τελος ου μη | 9 εν πασιν τοις εθνεσιν τον οικον Ισραηλ] τον οικον Ισραηλ εν πασι τοις εθνεσιν | .

In all these cases 238 (97) stands quite alone among the Hes. MSS., while agreeing with all, or the majority, of the Luc. MSS.; this occurs eighty-two times in the book of Amos. There are, moreover, a large number of cases in which one or two other Hes. MSS. agree with 238 (97) against the majority, and conform to Lucianic readings. From this one might be inclined to regard this MS. as belonging to the Lucianic rather than to the Hesychian group. It will, however, be interesting to take the witness of the O.L., though the fragmentary remains of this version make its witness very incomplete.

vi. 1. The Hes. group read και εισηλθον αυτοι, οικος του Ισραηλ; the Luc. group, with 238, read εν αυταις instead of αυτοι; the O.L. reads: et superintraverunt in eis, domus istrahel. Here 238 is supported by the O.L. in its agreement with the Lucianic. vi. 2. Hes. διαβητε παντες και ειδετε, Luc. διαβητε παντες και ιδετε εις Χαλαννην, 238 agreeing with the latter; the O.L. reads: transite omnes et videte. In this case the O.L. does not support 238, though the latter has most likely the more correct reading (see further on this verse p. 96). viii. 5. ποτε διελευσεται ο μην

και εμπλησομεν και τα σαββατα... so Hes., but Luc. inserts
between και and τα σαββατα, ποτε ηξει; 238, alone among Hes
MSS., agrees with the latter; the O.L. reads: quanto transeat
messis ut adquiramus et sabbata... again going against 238
viii. 9. Hes.: και συσκοτασει επι της γης εν ημερα το φως
Luc.: ...εν ημερα φωτος,—238 agrees with Luc., excepting that
του precedes φωτος. O.L.: et contenebrescet super terram dies
lucis, or, according to Tyconius, et tenebricabit super terram dies
luminis. In this case 238 is supported by the Lucianic O L
vi. 8. οτι ωμοσεν Κυριος καθ εαυτου (Hes.); O.L. quoniam
juravit dominus per semet ipsum; so that the addition made by
238, together with most of the Luc. MSS.,—ο θεος των δυναμεων—
is not supported by O.L.; the same result is seen in vii. 16.: Hes.
ου μη οχλαγωγης, Luc. (mostly) and 238 ου μη οχλαγωγει,—O.L.:
non congregabis.—These instances do not, it is true, shed much
light on the subject of 238's recensional character; but one point,
at any rate, is clear: 238 is closely connected with the Greek MSS.
of the Lucianic type;—the fact that the O.L. is frequently found
not to agree with it or with the Grk. Luc. MSS., only emphasizes
this connection. In all probability, 238, like 228, belonged
originally to the Hesychian group, but has been corrected by a
MS. or MSS. of the Luc. recension. But, as has been already
remarked, the evidence afforded by the text of Amos is too
slender for the purpose of definite conclusions.

[198. (ν)

I draw attention to this MS. (belonging to the Hesychian
recension, cf. Swete, *Intr. O.T.* pp. 167, 482, Burkitt, *Rules
of Tyc.* p. cviii., where it is included in the Hes. group
87 91 97 306) only in order to point out a discrepancy in
H. and P. Their note on it is as follows: "Cod. Bibl. Reg.
Paris. olim Colbertin. membran. signat. num. XIV. quo con-
tinentur Prophetae Mich. Joel, Abd. Jon. Nah. integri;
Esaias, Jer. Ez. Osea, Mal. mutili. Saec. XI. exaratus esse
videtur. Incipit a ver. 9, cap. XIX. A voc. ουκ εργαζη
com. 9, cap. XLV. ad voc. εκ κοιλιας com. 5, cap. XLIX.
inclus. desunt omnia." This note occurs in the Praef. ad Es.;
a further note is given in the Praef. ad XII. Proph. Min.:

"A com. 12, cap. II. Malachiae usque ad finem libri desunt omnia." From the former of these descriptions it is clear that the books of Am. Hab. Zeph. Hag. Zech. are wanting; nevertheless in each of these books, as well as in the others, readings from this MS. are given in the app. crit. I have, moreover, received a letter from the Librarian of the Paris Library, saying that this MS. does not contain the book of Amos; he says it belongs to the 10th cent.; in the *Intr. O.T.* its date is given as the 9th cent.]

B. Text.

Cod. Marchalianus. Q.
(*Hesychian Recension.*)

Αμως Β

Chap. i.

1 Λόγοι 'Αμὼς οἳ ἐγένοντο ἐν 'Ακκαρεὶμ ἐκ Θεκοῦε, οὓς εἶδεν ὑπὲρ 'Ιερουσαλὴμ ἐν ἡμέραις 'Οζείου βασιλέως 'Ιούδα καὶ ἐν ἡμέραις 'Ιεροβοὰμ τοῦ 'Ιωὰς βασιλέως 'Ισραήλ, πρὸ δύο ἐτῶν τοῦ σεισμοῦ.

2 Καὶ εἶπεν Κύριος ἐκ Σιὼν ἐφθέγξατο, καὶ ἐξ 'Ιερουσαλὴμ ἔδωκεν φωνὴν αὐτοῦ, καὶ ἐπένθησαν αἱ νομαὶ τῶν ποιμνίων, καὶ ἐξηράνθη ἡ κορυφὴ τοῦ Καρμήλου.

Cod. Pachomianus. 22.
(*Lucianic Recension.*)

Αμως Γ

Chap. i.

1 Λόγοι 'Αμὼς οἳ ἐγένοντο ἐν καριαθιαρεὶμ ἐκ Θεκοῦε, οὓς ἴδεν ἐπὶ 'Ιερουσαλὴμ ἐν ἡμέραις 'Οζίου βασιλέως 'Ιούδα καὶ ἐν ἡμέραις 'Ιεροβοὰμ τοῦ 'Ιωὰς βασιλέως 'Ισραήλ, πρὸ δύο ἐτῶν τοῦ σεισμοῦ.

2 Καὶ εἶπεν Κύριος ἐκ Σιὼν ἐφθέγξατο καὶ ἐξ 'Ιερουσαλὴμ ἔδωκε φωνὴν αὐτοῦ, καὶ ἐπένθησαν αἱ νομαὶ τῶν ποιμένων, καὶ ἐξηράνθη ἡ κορυφὴ τοῦ Καρμήλου.

i. 1 εν Ακκαρειμ] εν καριαθιαρειμ 68 87 238 εν καριαθιαριμ 91 | ειδεν] ιδεν 49 ειπε 68 | ιπερ] περι 68 87 91 | και εν ημεραις] om 68

2 Ιερουσαλημ] Ισραηλ 26 | ποιμνιων] ποιμενων Qᵃ | και 4°] adscr. ab al. m. 238

i. 1 καριαθιαρειμ] Ακκαρειμ 47 162 καριαθιαριμ 51 | εκ θεκουε] εν θ. 62 | ιδεν] ειδεν 62 ειδε 147 | επι] περι 62 147 | εν ημεραις 1°] εν ημερα 153 | Ιουδα] pr τον 153

2 και ειπεν] om 51 hab 51ᵃ ειπε 62 147

i 3 Q

3 Καὶ εἶπεν Κύριος Ἐπὶ ταῖς τρισὶν ἀσεβείαις Δαμασκοῦ καὶ ἐπὶ ταῖς τέσσαρσιν οὐκ ἀποστραφήσομαι αὐτόν, ἀνθ' ὧν ἔπριζον πρίοσι σιδηροῖς ἐν γαστρὶ ἐχούσας τῶν ἐν Γαλαάδ·

4 καὶ ἐξαποστελῶ πῦρ εἰς τὸν οἶκον Ἀζαήλ, καὶ καταφάγεται θεμέλια υἱοῦ Ἀδέρ·

5 καὶ συντρίψω μοχλοὺς Δαμασκοῦ, καὶ ἐξολεθρεύσω κατοικοῦντας ἐκ πεδίου Ὢν, καὶ κατακόψω φυλὴν ἐξ ἀνδρῶν Χαρράν, καὶ αἰχμαλωτεθήσεται λαὸς Συρίας ἐπίκλητος, λέγει Κύριος.

6 Τάδε λέγει Κύριος Ἐπὶ ταῖς τρισὶν ἀσεβείαις Γάζης καὶ ἐπὶ ταῖς τέσσαρσιν οὐκ ἀποστραφήσομαι αὐτούς, ἕνεκεν τοῦ αἰχμαλωτεῦσαι αὐτοὺς αἰχμαλωσίαν τοῦ Σαλωμών, τοῦ συγκλεῖσαι εἰς τὴν Ἰδουμαίαν·

7 καὶ ἐξαποστελῶ πῦρ ἐπὶ τὰ τείχη Γάζης, καὶ καταφάγεται θεμέλια αὐτῆς.

8 καὶ ἐξολεθρεύσω κατοικοῦντας ἐξ Ἀζώτου, καὶ ἐξαρθήσεται φυλὴ ἐξ Ἀσκάλωνος, καὶ ἐπάξω

22

3 Καὶ εἶπε Κύριος Ἐπὶ ταῖς τρισὶν ἀσεβείαις Δαμασκοῦ καὶ ἐπὶ ταῖς τέσσαρσιν οὐκ ἀποστραφήσομαι αὐτήν, ἀνθ' ὧν ἔπριζον πρίοσι σιδηροῖς τὰς ἐν γαστρὶ ἐχούσας τῶν γαλααδιτῶν·

4 καὶ ἀποστέλλω πῦρ εἰς τὸν οἶκον Ἀζαήλ, καὶ καταφάγεται θεμέλια υἱοῦ Ἀδέρ·

5 καὶ συντρίψω μοχλοὺς Δαμασκοῦ, καὶ ἐξολοθρεύσω κατοικοῦντας ἐκ πεδιουῶν, καὶ κατακόψω φυλὴν ἐξ ἀνδρῶν Χαρράν, καὶ αἰχμαλωτευθήσεται λαὸς Συρίας ἐπίκλητος, λέγει Κύριος.

6 Τάδε λέγει Κύριος Ἐπὶ ταῖς τρισὶν ἀσεβείαις Γάζης καὶ ἐπὶ ταῖς τέσσαρσιν οὐκ ἀποστραφήσομαι αὐτούς, ἕνεκεν τοῦ αἰχμαλωτεῦσαι αὐτοὺς αἰχμαλωσίαν Σαλομών, τοῦ συγκλεῖσαι εἰς τὴν Ἰδουμαίαν·

7 καὶ ἐξαποστελῶ πῦρ ἐπὶ τὰ τείχη Γάζης, καὶ καταφάγεται τὰ θεμέλια αὐτῆς.

8 καὶ ἐξολοθρεύσω κατοικοῦντας ἐξ Ἀζώτου, καὶ ἐξαρθήσεται φυλὴ ἐξ Ἀσκάλωνος, καὶ ἐπάξω

3 αυτον] αυτην 238 αυτους 68 87 | πριοσι] pr εν 26 238 | εν γαστρι] pr τας Qᵐᵍ | των εν Γαλααδ] των Γαλααδιτων 238 των τη Γαλααδ 87

4 θεμελια] pr τα Qᵃ

5 κατοικουντας] pr τους 106 | αιχμαλωτεθησεται] υ sup lin αιχμαλωτισθησεται Qᵃ 26 49 106 | Συριας] Ασσυριας 106 91

6 αποστραφησομαι] -σωμαι 26 | αυτους 1°] αυτην Qᵃ αυτον 91

3 ασεβειαις] ασεβειαι 147ᵃ | επριζον] επριζων 62 147 | πριοσι] εν πριοσιν 36 51 62 95 147 185 (sine ν 62 147) | των Γαλααδιτων] των εν Γαλααδ 62 147 των τη Γαλααδ 153

5 πεδιουων] πεδιου Ων 62 πεδιων 147

6 Ταδε λεγει Κυριος] om 147 | αυτους 1°] αυτην 62 147 | του συγκλεισαι] om του 95 185 συνκλησαι 62

8 εξαρθησεται] εξαριθμησεται 95 εξαριθμηθησεται 185

i 8　　　Q

τὴν χεῖρά μου ἐπὶ ᾿Ακκαρών,
καὶ ἀπολοῦνται οἱ κατάλοιποι
τῶν ἀλλοφύλων, λέγει Κύριος.

9 Τάδε λέγει Κύριος ᾿Επὶ
ταῖς τρισὶν ἀσεβείαις Τύρου καὶ
ἐπὶ ταῖς τέσσαρσιν οὐκ ἀπο-
στραφήσομαι αὐτήν, ἀνθ᾿ ὧν
συνέκλεισαν αἰχμαλωσίαν τοῦ
Σαλωμὼν εἰς τὴν ᾿Ιδουμαίαν, καὶ
οὐκ ἐμνήσθησαν διαθήκης
ἀδελφῶν.

10 καὶ ἐξαποστελῶ πῦρ ἐπὶ
τὰ τείχη Τύρου, καὶ καταφάγεται
τὰ θεμέλια αὐτῆς.

11 Τάδε λέγει Κύριος ᾿Επὶ
ταῖς τρισὶν ἀσεβείαις τῆς ᾿Ιδου-
μαίας καὶ ἐπὶ ταῖς τέσσαρσιν
οὐκ ἀποστραφήσομαι **αὐτούς,**
ἕνεκα τοῦ διῶξαι **αὐτοὺς** ἐν
ρομφαίᾳ τὸν ἀδελφὸν **αὐτοῦ,** καὶ
ἐλυμήνατο μήτραν ἐπὶ γῆς, καὶ
ἥρπασεν εἰς μαρτύριον φρίκην
αὐτοῦ, καὶ τὸ ὅρμημα **αὐτοῦ**
ἐφύλαξεν εἰς **νῖκος.**

8 των αλλοφυλων] om των 87 | Κυριος]
bis scr. 68

9 αυτην] αυτον Qᵃ αυτους 68 87 |
Σαλωμων] Σαλωμωντος 91 | Ιδουμαιαν]
Ιουδαιαν 106

10 τα θεμελια] om τα 106

11 Ιδουμαιας] Ιουδαιας (sup. scr. ab
al. m. Ηδουμεας mg. Edom) 106 | απο-
στραφησομαι] -ωμαι 26 | αυτους 1°] αυτην
238 | ενεκα] ενεκεν 26 49 91 106 238 |
αυτους 2°] αυτον 238 | τον αδ. αυτου] τον
αδ. εαυτου 238 τους αδελφους αυτου 68 |
επι γης] επι την γην 238 | ηρπασεν] ητοι-
μασα 68 ητοιμασεν 87 91 | φρικην αυτου]
φρ. εαυτου 238 | ορμημα αυτου] ορ. εαυτου
238 | νικος] νεικος 49 106 238

22

τὴν χεῖρά μου ἐπὶ ᾿Ακκαρών,
καὶ ἀπολοῦνται οἱ κατάλοιποι
τῶν ἀλλοφύλων, λέγει Κύριος.

9 Τάδε λέγει Κύριος ᾿Επὶ
ταῖς τρισὶν ἀσεβείαις Τύρου καὶ
ἐπὶ ταῖς τέσσαρσιν οὐκ ἀπο-
στραφήσομαι αὐτήν, ἀνθ᾿ ὧν
συνέκλεισαν αἰχμαλωσίαν τοῦ
σαλωμὼν εἰς τὴν ᾿Ιδουμαίαν, καὶ
οὐκ ἐμνήσθησαν διαθήκης
ἀδελφῶν.

10 καὶ ἐξαποστελῶ πῦρ ἐπὶ
τὰ τείχη Τύρου, καὶ καταφάγεται
τὰ θεμέλια αὐτῆς.

11 Τάδε λέγει Κύριος ᾿Επὶ
ταῖς τρισὶν ἀσεβείαις τῆς ᾿Ιδου-
μαίας καὶ ἐπὶ ταῖς τέσσαρσιν
οὐκ ἀποστραφήσομαι **αὐτήν,**
ἕνεκεν τοῦ διῶξαι **αὐτὸν** ἐν
ρομφαίᾳ τὸν ἀδελφὸν **ἑαυτοῦ,** καὶ
ἐλυμήνατο μήτραν ἐπὶ **τὴν γῆν,**
καὶ ἥρπασεν εἰς μαρτύριον
φρίκην **ἑαυτοῦ,** καὶ τὸ ὅρμημα
ἑαυτοῦ ἐφύλαξεν εἰς **νεῖκος.**

9 ασεβειαις] ασεβειας 147 | Τυρου] pr
συριας 147 | τεσσαρσιν] τεσαρσιν 62 | αυτην]
αυτους 153 | του] τους 95 185

10 τα θεμελια] om τα 62 147 233

11 αδελφον] λαον 233 | μητραν] μητερα
62 147 μητραν 147ᵃ | επι την γην] επι της
γης 51 | εαυτου 2° 3°] αυτου 62 147 |
νεικος] νικος 62 147

12 καὶ ἐξαποστελῶ πῦρ εἰς Θαιμάν, καὶ καταφάγεται θεμέλια τειχέων αὐτῆς.

13 Τάδε λέγει Κύριος Ἐπὶ ταῖς τρισὶν ἀσεβείαις υἱῶν Ἀμμὼν καὶ ἐπὶ ταῖς τέσσαρσιν οὐκ ἀποστραφήσομαι αὐτόν, ἀνθ᾽ ὧν ἀνέσχιζον τὰς ἐν γαστρὶ ἐχούσας τῶν Γαλααδιτιτῶν, ὅπως ἐνπλατύνωσιν τὰ ὅρια ἑαυτῶν·

14 καὶ ἀνάψω πῦρ ἐπὶ τὰ τείχη Ῥαββά, καὶ καταφάγεται τὰ θεμέλια αὐτῆς μετὰ κραυγῆς ἐν ἡμέρᾳ πολέμου, καὶ σεισθήσεται ἐν ἡμέραις συντελείας αὐτῆς·

15 καὶ πορεύσονται οἱ βασιλεῖς αὐτῆς ἐν αἰχμαλωσίᾳ, οἱ ἱερεῖς αὐτῶν καὶ οἱ ἄρχοντες αὐτῶν ἐπὶ τὸ αὐτό, λέγει Κύριος.

12 καὶ ἐξαποστελῶ πῦρ ἐκ Θαιμάν, καὶ καταφάγεται θεμέλια τειχέων αὐτῆς.

13 Τάδε λέγει Κύριος Ἐπὶ ταῖς τρισὶν ἀσεβείαις υἱῶν Ἀμμὼν καὶ ἐπὶ ταῖς τέσσαρσιν οὐκ ἀποστραφήσομαι αὐτούς, ἀνθ᾽ ὧν ἀνέσχιζον τὰς ἐν γαστρὶ ἐχούσας τῶν Γαλααδιτῶν, ὅπως ἐνπλατύνωσιν τὰ ὅρια αὐτῶν·

14 καὶ ἀνάψω πῦρ ἐπὶ τὰ τείχη Ῥαββά, καὶ καταφάγεται θεμέλια αὐτῆς μετὰ κραυγῆς ἐν ἡμέρᾳ πολέμου, καὶ σεισθήσεται ἐν ἡμέρᾳ συντελείας αὐτῆς·

15 καὶ πορεύσεται μελχομ ἐν αἰχμαλωσίᾳ, οἱ ἱερεῖς αὐτοῦ καὶ οἱ ἄρχοντες αὐτοῦ ἐπὶ τὸ αὐτό, λέγει Κύριος.

12 εις Θαιμαν] θεμαν 87 εκ Θαιμαν 238

13 υιων] ημων 68 om 91 | αυτον] αυτους 49 87 106 238 | τας εν γαστρι εχουσας] om 106 (hab. mg. ab al. m.) | των Γαλααδιτιτων] pr τα ορη 106 Γαλααδιτιλων Qᵃ | οπως ενπλατυνωσιν] εμπλατυνωσιν Qᵃ οι ο ωστε εμπλατυναι Qᵐᵍ οπως αν πλατυνωσι 106

14 αναψω] οι ο εξαψω Qᵐᵍ | Ραββα] Ραμνα 87 | τα θεμελια] om τα 26 49 238 | μετα κραυγης] pr και 26 | εν ημερα πολεμου] εν ημερα πολεως μου 26 | ημεραις] ημερα 49 68 87 106 238

15 πορευσονται] πορευσεται 238 | οι βασιλεις αυτης] Μελχομ 238 | οι ιερεις αυτων] οι ιερ. αυτου 238 και οι ιερ. (sine αυτων) 106 | αυτων 1ᵒ] αυτου Qᵃ | αυτων 2ᵒ] ομ οι Γ αυτου Qᵐᵍ αυτου 238

12 εκ Θαιμαν] εις θαιμαν 95 185 εις θεμεν 62 147

13 τεσσαρσιν] τεταρσιν 62 | ανεσχιζον] ανεσχιζων 147 | ενπλατυνωσιν] εμπλατυνωσιν (62 sed sine ν fin.) 147 αν πλατινωσι 95 185

14 εν ημερα πολεμου και σεισθησεται] om 51

15 Μελχομ] μελχωμ 95 185 | αυτου 1ᵒ] αυτοι 95 185 | αυτου 2ᵒ] αυτων 62 147

Chap. ii. 1　　Q

1 Τάδε λέγει Κύριος Ἐπὶ
ταῖς τρισὶν ἀσεβείαις Μωὰβ
καὶ ἐπὶ ταῖς τέσσαρσιν οὐκ
ἀποστραφήσομαι αὐτόν, ἀνθ' ὧν
κατέκαυσαν τὰ ὀστᾶ βασιλέως τῆς
Ἰδουμαίας εἰς κονίαν·

2 καὶ ἐξαποστελῶ πῦρ ἐπὶ
Μωάβ, καὶ καταφάγεται θεμέλια
τῶν πόλεων αὐτῶν, καὶ ἀποθα-
νεῖται ἐν ἀδυναμίᾳ Μωὰβ μετὰ
κραυγῆς καὶ μετὰ φωνῆς σάλ-
πιγγος·

3 καὶ ἐξολεθρεύσω κριτὴν ἐξ
αὐτῆς, καὶ πάντας τοὺς ἄρχοντας
αὐτῆς ἀποκτενῶ μετ' αὐτῆς, λέγει
Κύριος.

4 Τάδε λέγει Κύριος Ἐπὶ
ταῖς τρισὶν ἀσεβείαις υἱῶν
Ἰούδα καὶ ἐπὶ ταῖς τέσσαρσιν
οὐκ ἀποστραφήσομαι αὐτούς,
ἕνεκα τοῦ ἀπώσασθαι αὐτοὺς
τὸν νόμον τοῦ κυρίου, καὶ τὰ
προστάγματα αὐτοῦ οὐκ ἐφυλά-

Chap. ii.　　22

1 Τάδε λέγει Κύριος Ἐπὶ
ταῖς τρισὶν ἀσεβείαις Μωὰβ
καὶ ἐπὶ ταῖς τέσσαρσιν οὐκ
ἀποστραφήσομαι αὐτόν, ἀνθ' ὧν
κατέκαυσεν τὰ ὀστᾶ βασιλέως
Ἰδουμαίας εἰς κονίαν.

2 καὶ ἐξαποστελῶ πῦρ ἐπὶ
Μωάβ, καὶ καταφάγεται θεμέλια
τῶν πόλεων αὐτοῦ, καὶ ἀποθα-
νεῖται ἐν ἀδυναμίᾳ Μωὰβ μετὰ
φωνῆς καὶ μετὰ κραυγῆς σάλπιγ-
γος·

3 καὶ ἐξολοθρεύσω κριτὰς ἐξ
αὐτοῦ, καὶ πάντας ἄρχοντας
αὐτοῦ ἀποκτενῶ μετ' αὐτοῦ, λέγει
Κύριος.

4 Τάδε λέγει Κύριος Ἐπὶ
ταῖς τρισὶν ἀσεβείαις υἱῶν
Ἰούδα καὶ ἐπὶ ταῖς τέσσαρσιν
οὐκ ἀποστραφήσομαι αὐτούς,
ἕνεκεν τοῦ ἀπώσασθαι αὐτοὺς
τὸν νόμον κυρίου, καὶ τὰ προσ-
τάγματα αὐτοῦ οὐκ ἐφυλά-

---

1 αποστραφησομαι] -σωμαι 26 | αυτον]
αυτους 87 91 | της Ιδουμαιας] om της 91
238

2 επι] εις Qᵃ | των πολεων αυτων] των
πολ. αυτης Qᵃ της Καριωθ Qᵐᵍ των πολ.
αυτου 238 | μετα κραυγης] μετα φωνης 68
87 238 | και μετα φωνης] και μετα κραυγης
68 87 238 om μετα 26

3 κριτην] κριτας 238 | εξ αυτης] εξ αυτου
238 | παντας] pr τους 26 49 | τους αρχον-
τας] om 26 49 68 87 91 106 238 om τους
Qᵃ | μετ αυτης] om 68 87 91 μετ αυτου Qᵃ
σ´ -της Qᵐᵍ

4 αποστραφησομαι] -ωμαι 26 | αυτους 1º]
αυτον Qᵃ | ενεκα] ενεκεν 26 49 106 238 |
τον νομον] + τον φυσικον 68 | του κυριου]
om του 238 του θεου 68

1 τεσσαρσιν] τεταρσιν 62 | αυτον]
αυτους 153 αυτων 95 185 | κατεκαυσεν]
κατεκαυσε 233 | τα οστα] ponit post
Ιδουμαιας 233

2 θεμελια] pr τα 48 + αυτων 62 | των]
om 62 | αυτου] αυτης 48 αυτων 233 |
αδυναμια] αδυναμα 147ᵃ αδυναμεια 62 |
μετα 1º] om 233 | φωνης] κραυγης 48 153
233 | κραυγης] φωνης 48 153 233

3 εξολοθρευσω] εξολεθρευσω 36 48 51
95 153 185 233 | κριτας] κριτην 48 153
233 | αυτου 1º] αυτης 48 153 233 | παντας
αρχοντας αυτου] παντας αυτης 48 233 τους
αρχοντας 153 om αυτου 62 147

4 αυτους 1º] αυτον 48 153 | ενεκεν]
ενεκα 48 153 233 | κυριου] pr του 48

ii 4   Q   22

ξαντο, καὶ ἐπλάνησεν αὐτοὺς τὰ μάταια αὐτῶν ἃ ἐποίησαν, οἷς ἐξηκολούθησαν οἱ πατέρες αὐτῶν ὀπίσω αὐτῶν·	ξαντο, καὶ ἐπλάνησεν αὐτοὺς τὰ μάταια αὐτῶν ἃ ἐποίησαν, οἷς ἐξηκολούθησαν οἱ πατέρες αὐτῶν ὀπίσω αὐτῶν·
5 καὶ ἐξαποστελῶ πῦρ ἐπὶ Ἰούδαν, καὶ καταφάγεται θεμέλια Ἰερουσαλήμ.	5 καὶ ἐξαποστελῶ πῦρ ἐπὶ Ἰούδαν, καὶ καταφάγετυι θεμέλια Ἰερουσαλήμ.
6 Τάδε λέγει Κύριος Ἐπὶ ταῖς τρισὶν ἀσεβείαις Ἰσραὴλ καὶ ἐπὶ ταῖς τέσσαρσιν οὐκ ἀποστραφήσομαι αὐτόν, ἀνθ' ὧν ἀπέδοντο ἀργυρίου δίκαιον, καὶ πένητα ἕνεκεν ὑποδημάτων,	6 Τάδε λέγει Κύριος Ἐπὶ ταῖς τρισὶν ἀσεβείαις Ἰσραὴλ καὶ ἐπὶ ταῖς τέσσαρσιν οὐκ ἀποστραφήσομαι αὐτόν, ἀνθ' ὧν ἀπέδοντο τὸ δίκαιον ἀργυρίου, καὶ πένητα ἕνεκεν ὑποδημάτων,
7 τὰ πατοῦντα ἐπὶ τὸν χοῦν τῆς γῆς, ἐκονδύλιζον εἰς κεφαλὰς πτωχῶν, καὶ ὁδὸν ταπεινῶν ἐξέκλειναν, καὶ υἱὸς καὶ πατὴρ αὐτοῦ εἰσεπορεύοντο πρὸς τὴν αὐτὴν παιδίσκην, ὅπως βεβηλώσωσι τὸ ὄνομα τοῦ θεοῦ αὐτῶν·	7 τῶν πατούντων ἐπὶ τὸν χοῦν τῆς γῆς, καὶ ἐκονδύλιζον εἰς κεφαλὰς πτωχῶν, καὶ ὁδὸν ταπεινῶν ἐξέκλινον, καὶ υἱὸς καὶ πατὴρ αὐτοῦ εἰσεπορεύοντο πρὸς τὴν αὐτὴν παιδίσκην, ὅπως βεβηλώσωσι τὸ ὄνομα τοῦ θεοῦ αὐτῶν·
8 καὶ τὰ ἱμάτια αὐτῶν δεσμεύοντες σχοινίοις παραπετάσματα ἐποίουν ἐχόμενα τοῦ θυσιαστηρίου, καὶ οἶνον ἐκ	8 καὶ τὰ ἱμάτια αὐτῶν δεσμεύοντες σχοινίοις παραπέτασμα ἐποίουν ἐχόμενα τοῦ θυσιαστηρίου, καὶ οἶνον ἐκ

4 επλανησεν] -σαν 68 87 91 | εποιησαν] εποιησεν 49 om 68 87 91 hab 91ᵃ | οις] pr και 49

5 εξαποστελω] αποστελω 238 | Ιερουσαλημ] pr επι 68 87

6 Επι ταις τρισιν ασεβειαις Ισραηλ] om 68 | αυτον] αυτους 49 87 | αργυριου δικαιον] το δικαιον αργυριου 238

7 τα πατουντα] των πατουντων 87 91 238 και των πατουντων 68 | εξεκλειναν] εξεκλινον 238

4 επλανησεν] -σαν 153 | εποιησαν] -σεν 153 | οις] pr και 36

5 Ιερουσαλημ] Ισραηλ 62 147

6 αυτον] αυτων 62 147 | το δικαιον αργυριου] αργυριου δικαιον 48 153 233 δικαιον αργυριου εν κρισει 62 147 tr 95 185

7 των πατουντων] τα πατουντα 48 233 om 153 | εκονδυλιζον] -ων 62 147 | πτωχων] πτοχων 147 | εξεκλινον] -αν 48 153 185 233 | πατηρ] pr ο 36 51 | αυτου] om 153 | βεβηλωσωσι] βεβηλωσιν 48 βεβηλουσωσι 153

ii 8   Q

συκοφαντιῶν ἔπινον ἐν τῷ οἴκῳ τοῦ θεοῦ αὐτῶν.

9 ἐγὼ δὲ ἐξῆρα τὸν Ἀμορραῖον προσώπου αὐτῶν, οὐ ἦν καθὼς ὕψος κέρδου τὸ ὕψος αὐτοῦ, καὶ ἰσχυρὸς ἦν ὡς δρῦς, καὶ ἐξήρανα τὸν καρπὸν αὐτοῦ ἐπάνωθεν καὶ τὰς ῥίζας αὐτοῦ ὑποκάτωθεν.

10 καὶ ἐγὼ ἀνήγαγον ὑμᾶς ἐκ γῆς Αἰγύπτου, καὶ περιήγαγον ὑμᾶς ἐν τῇ ἐρήμῳ τεσσαρακονταετῆ τοῦ κατακληρονομῆσαι τὴν γῆν τῶν Ἀμμοραίων·

11 καὶ ἔλαβον ἐκ τῶν υἱῶν εἰς προφήτας, καὶ ἐκ τῶν νεανίσκων ὑμῶν εἰς ἁγιασμόν· μὴ οὐκ ἔστιν ταῦτα, υἱοὶ Ἰσραήλ; λέγει Κύριος.

12 καὶ ἐποτίζετε τοὺς ἡγιασμένους οἶνον, καὶ τοῖς προφήταις ἐνετέλλεσθαι λέγοντες Οὐ μὴ προφητεύσητε.

22

συκοφαντιῶν ἔπινον ἐν τῷ οἴκῳ τοῦ θεοῦ αὐτῶν.

9 ἐγὼ δὲ ἐξῆρα τὸν Ἀμορραῖον ἐκ προσώπου αὐτῶν, οὐ ἦν καθὼς ὑψ κέδρου τὸ ὕψος αὐτοῦ, καὶ ἰσχυρὸς ἦν ὡς δρῦς, καὶ ἐξῆρα τὸν καρπὸν αὐτοῦ ἐπάνωθεν καὶ τὰς ῥίζας αὐτοῦ ὑποκάτωθεν.

10 καὶ ἐγὼ ἀνήγαγον ὑμᾶς ἐκ γῆς Αἰγύπτου, καὶ περιήγαγον ὑμᾶς ἐν τῇ ἐρήμῳ τεσσαράκοντα ἔτη τοῦ κατακληρονομῆσαι τὴν γῆν τῶν Ἀμμοραίων·

11 ἔλαβον ἐκ τῶν υἱῶν ὑμῶν προφήτας, καὶ ἐκ τῶν νεανίσκων ὑμῶν εἰς ἁγιασμόν· μὴ οὐκ ἔστι ταῦτα, υἱοὶ Ἰσραήλ; λέγει Κύριος.

12 καὶ ἐποτίζετε τοὺς ἁγιασμένους οἶνον, καὶ τοῖς προφήταις ἐνετέλλεσθε λέγοντες Οὐ μὴ προφητεύσητε.

9 προσωπου] pr εκ Qᵃ | αυτου 1°] αυτων 106 | εξηρανα] εξηρα 238

10 τεσσαρακονταετη] τεσσαρα ετη 238

11 και 1°] om 238 | ελαβον] ανελαβον Qᵃ

12 εποτιζετε] εποτιζε 106 | ου μη προφητευσητε] του μη προφητευσαι 68 87

8 συκοφαντιων] σικοφ. 62 -ων 153 | παραπετασμα] -ματα 36 48 51 62 95 147 153 185 233

9 υψ υψος 22ᵃ | κεδρου] κεδρον 95 κενδρον 185 | εξηρα] εξηρανα 36 48 153

10 εκ γης Αιγυπτου και περιηγαγον] om 185 | περιηγαγον] ωδηγησα 233 | τεσσαρακοντα] μ΄ 36 48 51 62 95 147 153 185 233

11 ελαβον] pr και 48 62 95 147 153 185 233 | εστι] εστιν 36 48 95 153 185 233 | υιοι] pr οι 62 147

12 εποτιζετε] εποτιζεται 62 147ᵃ | αγιασμενους] ηγιασμενους 22ᵃ 36 48 51 62 95 147 153 185 233 | τοις προφηταις] τους πρ. 147 | ενετελλεσθε] ενετελεσθαι 62 ενετελεσθε 51 147

ii 13   Q

13 διὰ τοῦτο ἰδοὺ ἐγὼ κυλίω ὑποκάτω ὑμῶν ὃν τρόπον κυλίεται ἡ ἅμαξα ἡ γέμουσα καλάμης

14 καὶ ἀπολεῖται φυγὴ ἐκ δρομέως, καὶ ὁ κραταιὸς οὐ μὴ κρατήσει τῆς ἰσχύος αὐτοῦ, καὶ ὁ μαχητὴς οὐ μὴ σώσει τὴν ψυχὴν αὐτοῦ,

15 καὶ ὁ τοξότης οὐ μὴ ὑποστῇ, καὶ ὁ ὀξὺς τοῖς ποσὶν αὐτοῦ οὐ μὴ διασωθῇ, οὐδὲ ὁ ἱππεὺς οὐ μὴ σώσῃ τὴν ψυχὴν αὐτοῦ,

16 καὶ εὑρήσει τὴν καρδίαν αὐτοῦ ἐν δυναστείαις, ὁ γυμνὸς διώξεται ἐν ἐκείνῃ τῇ ἡμέρᾳ, λέγει Κύριος.

22

13 διὰ τοῦτο ἰδοὺ ἐγὼ κυλίω ὑποκάτω ὑμῶν ὃν τρόπον κυλίεται ἡ ἅμαξα ἡ γέμουσα καλάμης·

14 καὶ ἀπολεῖται φυγὴ ἐκ δρομέως, καὶ ὁ κραταιὸς οὐ μὴ κρατήσει τῆς ἰσχύος αὐτοῦ, καὶ ὁ μαχητὴς οὐ μὴ σώσῃ τὴν ψυχὴν αὐτοῦ,

15 καὶ ὁ τοξότης οὐ μὴ ὑποστῇ, καὶ ὁ ὀξὺς τοῖς ποσὶν αὐτοῦ οὐ μὴ διασωθῇ, οὐδὲ ὁ ἱππεὺς οὐ μὴ σώσῃ τὴν ψυχὴν αὐτοῦ,

16 καὶ ὁ κραταιὸς οὐ μὴ εὕρῃ τὴν καρδίαν αὐτοῦ ἐν δυναστείαις, ὁ γυμνὸς διώξεται ἐν ἐκείνῃ τῇ ἡμέρᾳ, λέγει Κύριος.

14 σωσει] σωση Qᵃ

15 ουδε] και Qᵐᵍ | ιππευς] ιππεις Qᵃ | σωσει] σωση Qᵃ

16 και]+ο κραταιος ου μη 26 49 68 87 91 106 238 | ευρησει την καρδιαν] ηυρεθη καρδια Qᵐᵍ | ευρησει] ευρεθη 68 87 91 ευρηση 49 ευρη 238 | την καρδιαν] η καρδια 68 87 91 | δυναστειαις] δυναταις 68 87 91 | διωξεται] φευξεται 238 | λεγει] ειπεν 26

13 ιδου] om 153 | αμαξα] αμαξ 147 αμαξα 147ᵃ | γεμουσα] φερουσα 147 | καλαμης] καλαμην 62 95 147 185

14 εκ δρομεως] 147ᵃ (147?) | κρατησει] κρατηση 147 | ισχυος] ισχυως 147 ισχυος 147ᵃ | σωση] σωσει 36 48 51 62 95 147ᵃ 153 185 233 σωση 147

15 Totum comma om 153 | ουδε ο ιππευς] και ο ιππευς 62 147 ου δε ο ιππευς 233 | σωση] σωσει 36 48 51 62 95 147ᵃ 153 185 233 σωση 147

16 ο κραταιος ου μη] om 233 om ο κραταιος 153 | ευρη] ευρησει 48 233 ευρεθη 153 | την καρδιαν] η καρδια 153 | δυναστειαις]˙δυνασταις 153 | διωξεται] φευξεται 51 62 185 147 διωξεται 147ᵃ

Chap. iii. 1   Q

1 Ἀκούσατε τὸν λόγον τοῦτον ὃν ἐλάλησεν Κύριος ἐφ' ὑμᾶς, οἶκος Ἰσραήλ, καὶ κατὰ πάσης φυλῆς ἧς ἀνήγαγον ἐκ γῆς Αἰγύπτου, λέγων·

2 Πλὴν ὑμᾶς ἔγνων ἐκ πάσης τῶν φυλῶν τῆς γῆς· διὰ τοῦτο ἐκδικήσω ἐφ' ὑμᾶς πάσας τὰς ἁμαρτίας ὑμῶν.

3 εἰ πορεύσονται δύο ἐπὶ τὸ αὐτὸ καθόλου ἐὰν μὴ γνωρίσωσιν ἑαυτούς;

4 εἰ ἐρεύξεται λέων ἐκ τοῦ δρυμοῦ αὐτοῦ θήραν οὐκ ἔχων; εἰ δώσει σκύμνος φωνὴν αὐτοῦ ἐκ τῆς μάνδρας αὐτοῦ καθόλου ἐὰν μὴ ἁρπάσῃ τι;

5 εἰ πεσεῖται ὄρνεον ἐπὶ τὴν γῆν ἄνευ ἰξευτοῦ; εἰ σχασθήσεται παγὶς ἐπὶ τῆς γῆς ἄνευ τοῦ συλλαβεῖν τι;

6 εἰ φωνήσει σάλπιγξ ἐν πόλει καὶ λαὸς οὐ πτοηθήσεται; εἰ ἔσται κακία ἐν πόλει ἣν Κύριος οὐκ ἐποίησεν;

1 Ακουσατε τον λογον τουτον ον ελαλησεν] om 26 | εκ γης Αι.] εκ της Αι. 91

2 πασης] πασων Qᵃ | αμαρτιας] κακιας 68 87

3 γνωρισωσιν] γνωρισωσι 26 | εαυτους] εαυτοις 238 εαυτου 106

4 ερευξεται] εξερευξεται 238 | του δρυμου] om του 26 | αρπαση τι] αρπασητε τι 91

5 επι την γην ανευ ιξευτου; ει σχασθησεται παγις επι της γης] om 49 | σχασθησεται] σχαθησεται 106

6 εν πολει και λαος ου πτοηθησεται; ει εσται κακια εν πολει] om 106 | ουκ] om 106

Œ.

Chap. iii.   22

1 Ἀκούσατε τὸν λόγον τοῦτον ὃν ἐλάλησε Κύριος ἐφ' ὑμᾶς, οἶκος Ἰσραήλ, καὶ κατὰ πάσης φυλῆς ἧς ἀνήγαγον Αἰγύπτου, λέγων·

2 Πλὴν ὑμᾶς ἔγνων ἐκ πασῶν φυλῶν τῆς γῆς· διὰ τοῦτο ἐκδικήσω ἐφ' ὑμᾶς πάσας τὰς ἁμαρτίας ὑμῶν.

3 εἰ πορεύσονται δύο ἐπὶ τὸ αὐτὸ καθόλου ἐὰν μὴ γνωρίσωσιν ἑαυτοῖς;

4 εἰ ἐξερεύξεται λέων ἐκ τοῦ δρυμοῦ αὐτοῦ θήραν οὐκ ἔχων; εἰ δώσει σκύμνος φωνὴν αὐτοῦ ἐκ τῆς μάνδρας αὐτοῦ καθόλου ἐὰν μὴ ἁρπάσῃ τι;

5 εἰ πεσεῖται ὄρνεον ἐπὶ τὴν γῆν ἄνευ ἰξευτοῦ; εἰ σχασθήσεται παγὶς ἐπὶ τῆς γῆς ἄνευ τοῦ συλλαβεῖν τι;

6 εἰ φωνήσει σάλπιγξ ἐν πόλει καὶ λαὸς οὐ πτοηθήσεται; εἰ ἔσται κακία ἐν πόλει ἣν Κύριος οὐκ ἐποίησε;

1 ελαλησε] -σεν 36 48 51 95 153 185 233 | Κυριος] pr ο 153 | Αιγυπτου] pr εκ γης 22ᵃ 36 48 51 62 147 153 185 233 εκ της 95 | λεγων] om 95

2 της] om 36 48 51 95 147 153 185 233 | αμαρτιας υμων] κακιας της γης υμων 153

3 γνωρισωσιν] γνωρησωσιν 62 | εαυτοις] εαυτους 48 95 147ᵃ 153 185 233

4 εξερευξεται] ερευξεται 48 95 153 185 233 | εκ της μανδρας αυτου] om 62 147 95 185

6 ου] + μη 36 48 51 95 185 233 | εποιησε] -σεν 22ᵃ 36 48 51 95 147 153 185 233

3

iii 7   Q   22

7 διότι οὐ μὴ **ποιήσει** Κύριος ὁ Θεὸς πρᾶγμα ἐὰν μὴ ἀποκαλύψῃ παιδείαν αὐτοῦ πρὸς τοὺς δούλους αὐτοῦ τοὺς προφήτας.

8 λέων ἐρεύξεται, καὶ τίς οὐ φοβηθήσεται; Κύριος ὁ Θεὸς **ἐλάλησεν**, καὶ τίς οὐ προφητεύσει;

9 Ἀπαγγείλατε χώραις ἐν Ἀσσυρίοις καὶ ἐπὶ τὰς χώρας **τῆς** Αἰγύπτου, καὶ εἴπατε Συνάχθητε ἐπὶ τὸ ὄρος Σαμαρείας, καὶ **εἴδετε** θαυμαστὰ πολλὰ ἐν μέσῳ αὐτῆς καὶ **τὴν** καταδυναστείαν **τὴν** ἐν αὐτῇ·

10 καὶ οὐκ ἔγνω ἃ ἔσται **ἐνώπιον** αὐτῆς, λέγει Κύριος, οἱ θησαυρίζοντες ἀδικίαν καὶ ταλαιπωρίαν ἐν ταῖς χώραις αὐτῶν.

11 διὰ τοῦτο τάδε λέγει Κύριος ὁ Θεός Τύρος κυκλόθεν ἡ γῆ σου ἐρημωθήσεται, καὶ κατάξει ἐκ σοῦ ἰσχύν σου, καὶ διαρπαγήσονται αἱ χῶραί σου.

7 διότι οὐ μὴ **ποιήσῃ** Κύριος ὁ Θεὸς πρᾶγμα ἐὰν μὴ ἀποκαλύψῃ παιδείαν αὐτοῦ πρὸς τοὺς δούλους αὐτοῦ τοὺς προφήτας.

8 λέων ἐρεύξεται, καὶ τίς οὐ φοβηθήσεται; Κύριος ὁ Θεὸς **ἐλάλησε**, καὶ τίς οὐ προφητεύσει;

9 Ἀπαγγείλατε χώραις ἐν Ἀσσυρίοις καὶ ἐπὶ τὰς χώρας **ἐν γῇ** Αἰγύπτου, καὶ εἴπατε Συνάχθητε ἐπὶ τὸ ὄρος Σαμαρείας, καὶ **ἴδετε** θαυμαστὰ πολλὰ ἐν μέσῳ αὐτῆς καὶ καταδυναστείαν ἐν αὐτῇ

10 καὶ οὐκ ἔγνω ἃ ἔσται **ἐναντίον** αὐτῆς, λέγει Κύριος, οἱ θησαυρίζοντες ἀδικίαν καὶ ταλαιπωρίαν ἐν ταῖς χώραις αὐτῶν.

11 διὰ τοῦτο τάδε λέγει Κύριος ὁ Θεός Τύρος κυκλόθεν ἡ γῆ σου ἐρημωθήσεται, καὶ κατάξει ἐκ σοῦ **τὴν** ἰσχύν σου, καὶ διαρπαγήσονται αἱ χῶραί σου.

7 πραγμα] pr το 106 | αποκαλυψη] αποκαλυψει 26 | παιδειαν] την βουλην 91ᵃ

9 Απαγγειλατε] αναγγειλατε Qᵃ | τας χωρας] ταις χωραις Qᵃ | τῆς Αιγυπτου] εν γη Αιγυπτω Qᵃ 68 238 | και ειπατε] om και 49 | την 2°] om 87 238

10 εσται] εστιν Qᵐᵍ 26 | ενωπιον] εναντιον Qᵐᵍ | ενωπιον αυτης] εν αυτη 106

11 Τυρος] pr ερημωθησεται 68 | κυκλοθεν] pr και 49 68 87 91 | ερημωθησεται] εφανισθησεται 68 87ᵐᵍ | ισχυν] pr την 238 | διαρπαγησονται] αρπαγησονται 26

7 ποιηση] ποιησει 36 etc. —233 | αποκαλυψη] -ει 62 147 | παιδειαν] παιδιαν 62 147 παιδειαν 147ᵃ | αυτου 1°] om 48

8 ερευξεται] εξερευξεται 185 | ελαλησε] -σεν 22ᵃ | προφητευσει] -ση 147 -σει 147ᵃ

9 εν γη Αιγυπτου] εν γη Αιγυπτω 62 147 153 της Αιγυπτου 48 | επι το ορος] επι τα ορη 95 185 | καταδυναστειαν] pr την 36 233 | εν αυτη] pr την 26 48 153 233

10 εγνω] εγνων 62 147

11 κυκλοθεν] pr και 95 185 233 | την] om 48 153 233 | χωραι σου] χωραις σου 62

iii 12   Q   22

12 τάδε λέγει Κύριος Ὃν τρόπον ὅταν ἐκσπάσῃ ὁ ποιμὴν ἐκ στόματος τοῦ λέοντος δύο σκέλη ἢ λοβὸν ὠτίου, οὕτως ἐκσπασθήσονται οἱ υἱοὶ Ἰσραὴλ οἱ κατοικοῦντες Σαμαρείαν κατέναντι φυλῆς καὶ ἐν Δαμασκῷ ἱερεῖς.

13 ἀκούσατε καὶ ˙επι μαρτυρια τῷ οἴκῳ Ἰακώβ, λέγει Κύριος ὁ Θεὸς ὁ παντοκράτωρ,

14 διότι ἐν τῇ ἡμέρᾳ ὅταν ἐκδικήσω ἀσεβείαν τοῦ Ἰσραὴλ ἐπ᾽ αὐτόν, καὶ ἐκδικήσω ἐπὶ τὰ θυσιαστήρια Βεθήλ, καὶ κατασκαφήσεται τὰ κέρατα τοῦ θυσιαστηρίου καὶ πεσοῦνται ἐπὶ τὴν γῆν·

15 συνχεῶ καὶ πατάξω τὸν οἶκον τὸν περίπτερον ἐπὶ τὸν

12 τάδε λέγει Κύριος Ὃν τρόπον ὅταν ἐκσπάσῃ ὁ ποιμὴν ἐκ στόματος λέοντος δύο σκέλη ἢ λοβὸν ὠτίον, οὕτως ἐκσπασθήσονται οἱ υἱοὶ Ἰσραὴλ οἱ κατοικοῦντες ἐν Σαμαρείᾳ κατέναντι φυλῆς καὶ ἐν Δαμασκῷ κλινεῖ ἱερεῖς.

13 ἀκούσατε καὶ ἐπιμαρτύρασθε τῷ οἴκῳ Ἰακώβ, λέγει Κύριος ὁ Θεὸς ὁ παντοκράτωρ,

14 διότι ἐν τῇ ἡμέρᾳ ὅταν ἐκδικῶ ἀσεβείας τοῦ Ἰσραὴλ ἐπ᾽ αὐτόν, καὶ ἐκδικήσω ἐπὶ τὰ θυσιαστήρια Βαιθήλ, καὶ κατασκαφήσεται τὰ κέρατα τοῦ θυσιαστηρίου καὶ πεσεῖται ἐπὶ τὴν γῆν·

15 καὶ συντρίψω καὶ πατάξω τὸν οἶκον τὸν περίπτερον ἐπὶ

12 στοματος] pr του 68 87 91 238 | του λεοντος] om 238 | οι κατοικουντες] pr και 49 | Σαμαρειαν] εν Σαμαρεια Qᵃ | φυλης] + της Ιουδαικης 91ᵃ | εν Δαμασκω] + κλινη Qᵐᵍ κλινει 68 87 91 238

13 και om 26 | επι μαρτυρια] επιμαρτυρασθε Qᵃ

14 ασεβειαν] ασεβειας 26 49 68 87 91 238 | Βεθηλ] Βαιθηλ 49 68 87 91 106 238 | κατασκαφησεται] κατασκαφθησεται Qᵃ | τα κερατα] om τα 26 | πεσουνται] πεσειται 238

15 συνχεω] και συντριψω 68 87 91 238 συνγεω Qᵃ | και παταξω] και συντριψω Qᵐᵍ om 68 87 91 | περιπτερον] χειμερινον 91

12 εκσπαση] εκσπασει 62 147 -ση 147ᵃ | λεοντος] pr του 48 62 147 153 233 | λοβον] λωβον 62 | ωτιον] ωτιου 22ᵃ etc.— 233 | οι 2°] pr και 36 | φυλης] pr της 48 εν Δαμασκω κλινει] εκ Δαμασκου κλινει 36 εν Δαμασκω κλινει 36ᵃ εν Δαμασκω καινη 62 Δαμασκου tantum 95 185 και εν Δαμασκω κλινει 147ᵘᵗ ᵛⁱᵈ εν Δαμασκω 147ᵃ

13 ιερεις] pr οι 185 Ιερεις 147 του Κυριου 22ᵐᵍ ᵘᵗ ᵛⁱᵈ | ακουσατε] ακουσασθε λαλησατε 153 147 | και επιμαρτυρασθε] om και 51 και επιμαρτυρασθαι 62 επιμαρτυ**ρασθε 147

14 τη ημερα] +εκεινη 153 om τη 233 | εκδικω] εκδικησω 153 | Βαιθηλ] Βεθηλ 62 95 147 185 | κατασκαφησεται] κατασφαγησεται 62 147 -σκαφησεται 147ᵃ | πεσειται] πεσουνται 48 153 233

15 και 1°] om 48 233 | συντριψω] συνχεω 48 εγκεω 233 | και παταξω] om 153

iii 15   Q

οἶκον τὸν θερινόν, καὶ ἀπολοῦν-
ται οἶκοι ἐλεφάντινοι, καὶ προσ-
τεθήσονται οἶκοι ἕτεροι πολλοί,
λέγει Κύριος.

Chap. iv.

1 Ἀκούσατε τὸν λόγον τοῦ-
τον, δαμάλεις τῆς Βασανίτιδος αἱ
εἰν τῷ ὄρει τῆς Σαμαρείας, αἱ
καταδυναστεύουσαι πένητας καὶ
καταπατοῦσαι πτωχούς, αἱ λέγου-
σαι τοῖς κυρίοις αὐτῶν Ἐπίδοτε
ἡμῖν ὅπως πίωμεν.

2 ὀμνύει Κύριος κατὰ τῶν
ἁγίων αὐτοῦ διότι Ἰδοὺ ἡμέραι
ἔρχονται ἐφ᾽ ὑμᾶς καὶ λήψονται
ὑμᾶς ἐν ὅπλοις, καὶ τοὺς μεθ᾽
ὑμῶν εἰς λέβητας ἔμπυροι λοι-
μοί,

3 καὶ ἐξενεχθήσεσθε γυμναὶ
κατέναντι ἀλλήλων, καὶ ἀπορ-

22

τὸν οἶκον τὸν θερινόν, καὶ ἀπο-
λοῦνται οἱ οἶκοι οἱ ἐλεφάντινοι,
καὶ ἀφανισθήσονται οἶκοι ἕτεροι
πολλοί, λέγει Κύριος.

Chap. iv.

1 Ἀκούσατε τὸν λόγον τοῦ-
τον, αἱ δαμάλεις τῆς Σανίτιδος αἱ
ἐν τῷ ὄρει Σαμαρείας, αἱ κατα-
δυναστεύουσαι πτωχοὺς καὶ κατα-
πατοῦσαι πένητας, αἱ λέγουσαι
τοῖς κυρίοις ἑαυτῶν Ἐπίδοτε ἡμῖν
ὅπως πίωμεν.

2 ὀμνύει Κύριος κατὰ τῶν
ἁγίων αὐτοῦ διότι Ἰδοὺ ἡμέραι
ἔρχονται ἐφ᾽ ὑμᾶς καὶ λήψονται
ὑμᾶς ἐν ὅπλοις, καὶ τοὺς μεθ᾽
ὑμῶν εἰς λέβητας ὑποκαιομένους
ἐμβαλοῦσιν ἔμπυροι λοιμοί,

3 καὶ ἐξενεχθήσεσθε γυμναὶ
γυνὴ καὶ ὁ ἀνὴρ αὐτῆς κατέναντι

15 οικοι] pr οι 238 | ελεφαντινοι] pr οι Qᵃ
238 | προστεθησονται] αφανισθησονται 238
    1 δαμαλεις] pr αι 238 | της Βασανι-
τιδος] της Βασαν 68 87 | της Σαμ.] om της
26 106 238 | πενητας] πτωχους 68 87 91
238 | πτωχους] πενητας 68 87 91 238 |
τοις κυριοις αυτων] τοις ανδρασι αυτων 91 |
αυτων] εαυτων 238 | οπως πιωμεν] οπως
φαγωμεν 91 οπως πιομεν 106
    2 ομνυει] pr και 91 | ημεραι] pr αι 87 |
ληψονται] λημψονται 26 49 68 87 238
ληψωμαι 91 | εν οπλοις] om εν 49 εν
οχλοις 106 | λεβητας] + υποκαιομενους εμ-
βαλουσιν Qᵐᵍ 68 87 106 238 + υποκαιο-
μενους εμβ. 91 superscr. εις ξυλοτυπιαν
91ᵃ | εμπυροι λοιμοι] ερημοι λοιμοι 68 om
91
    3 γυμναι] γυμνοι 26 + γυνη και ο ανηρ
αυτης 238

15 οι 1°] om 48 62 147 153 233 | οι 2°]
om 48 62 95 147 153 185 233 | αφανισ-
θησονται] προστεθησονται 48 95 153 233 |
πολλοι] πολοι 147ᵃ πολλοι 147
    1 αι 1°] om 48 95 153 185 233 | δαμα-
λεις] δυναμεις 147 | της] om 36 48 153 233 |
Σανιτιδος] Βασανιτιδος 22ᵃ etc.—233 |
καταδυναστευουσαι] 22ᵃ (?) | πτωχους]
πενητα 233 | πενητας] πτωχους 233 |
εαυτων] αυτων 48 153 233
    2 ληψονται] λημψονται 36 48 51 95
185 233 ληψομαι 153 λειψονται 147ᵃ
ληψονται 147 | υποκαιομενους εμβαλ.] om
233 | εμβαλουσιν] εμβαλω 153 | εμπυροι
λοιμοι] om 95 153 185
    3 γυμναι] γυμνοι 130 | γυνη και ο
ανηρ αυτης] om 48 233 | ο] om 62 147
51 | κατεναντι] απεναντι 95 185 pr και
153

iv 3   Q

ριφήσεσθε εἰς τὸ ὄρος τὸ ῥεμμάν, λέγει Κύριος ὁ θεός.

4 Εἰσήλθετε εἰς Βαιθὴλ καὶ ἠνομήσατε, καὶ εἰς γάλγαλα ἐπληθύνατε τοῦ ἀσεβῆσαι, καὶ ἠνέγκατε εἰς τὸ πρωὶ θυσίας ὑμῶν, εἰς τὴν τριημερίαν τὰ ἐπιδέκατα ὑμῶν·

5 καὶ ἀνέγνωσαν ἔξω νόμον, καὶ ἐπεκαλέσαντο ὁμολογίας· ἀπαγγείλατε διότι ταῦτα ἠγάπησαν οἱ υἱοὶ Ἰσραήλ, λέγει Κύριος ὁ θεός.

6 καὶ ἐγὼ δώσω ὑμῖν γομφιασμὸν ὀδόντων ἐν πάσαις ταῖς πόλεσιν ὑμῶν καὶ ἔνδειαν ἄρτων ἐν πᾶσιν τοῖς τόποις ὑμῶν, καὶ οὐκ ἐπεστρέψατε πρός μέ, λέγει Κύριος.

7 καὶ ἐγὼ ἀνέσχον ἐξ ὑμῶν τὸν ὑετὸν πρὸ τριῶν μηνῶν τοῦ τρυγητοῦ, καὶ βρέξω ἐπὶ πόλιν

22

ἀλλήλων, καὶ ἀπορριφήσεσθε εἰς τὸ ὄρος τὸ ἀρμάνα, λέγει Κύριος.

4 Εἰσήλθατε εἰς Βαιθὴλ καὶ ἠνομήσατε, εἰς γάλγαλα καὶ ἐπληθύνατε τοῦ ἀσεβῆσαι, καὶ ἠνέγκατε εἰς τὸ πρωὶ θυσίας ὑμῶν, εἰς τὴν τριημερίαν τὰ ἐπιδέκατα ὑμῶν·

5 καὶ ἀνέγνωσαν ἔξω νόμον, καὶ ἐπεκαλέσαντο ὁμολογίαν· ἀπαγγείλατε ὅτι ταῦτα ἠγάπησαν οἱ υἱοὶ Ἰσραήλ, λέγει Κύριος ὁ θεός.

6 καὶ ἐγὼ δώσω ὑμῖν γομφιασμὸν ὀδόντων ἐν πάσαις ταῖς πόλεσιν ὑμῶν καὶ ἔνδειαν ἄρτων ἐν πᾶσι τοῖς τόποις ὑμῶν, καὶ οὐκ ἐπεστρέψατε πρός μέ, λέγει Κύριος.

7 καὶ ἐγὼ ἀνέσχον ἐξ ὑμῶν τὸν ὑετὸν πρὸ τριῶν μηνῶν τοῦ θερισμοῦ, καὶ βρέξω ἐπὶ πόλιν

3 ρεμμαν] ερμωνα Qᵐᵍ 91 ρεμμεν 26 49 106 αρμανα 68 87 238 | ο θεος] om 68 87 91 238 + ταδε λεγει Κυριος 49

4 εισηλθετε] -ατε 26 68 87 91 106 pr και 87 91 | Βαιθηλ] Βεθηλ 26 | ηνομησατε] ησεβησατε 68 87 91 | και εις γαλγαλα] εις γαλγαλα και 238 | θυσιας] ουσιας 26

5 ομολογιας] ομολογιαν 238 | απαγγειλατε] αναγγ. Qᵃ 68 87 91 | διοτι] οτι 68 87 91 238 | οι υιοι] om οι 91 | Κυριος ο θεος] Κυριος bis scr. 68 87 91

6 πασιν] πασι Qᵃ

7 ανεσχον] ανεσχων 68 | τρυγητου] θερισμου Qᵐᵍ 68 87 91 238

3 το αρμανα] ορος της Αρμενιας sup. lin. 22 om το 95 185 του Ραμαν 153 Ρεμαν 36ᵃ το Ρομμαν 36 48 51 233 | Κυριος] + Κυριος 22ᵃ + ο θεος 36 233

4 Βαιθηλ] Βεθηλ 62 147 | ηνομησατε] ησεβησατε 48 62 147 233 | επληθυνατε] om και 48 153 233 | εις το πρωι] om εις το 95 | θυσιας] θυσιαν 153 | εις την] pr και 147

5 ομολογιαν] ομολογιας 48 153 233 | απαγγ.] αναγγ. 48 153 233 | οτι] διοτι 153 233 | ηγαπησαν] + λεγει Κυριος ο θεος 233 | οι] om 153 | Κυριος] om 233

6 εγω] Κυριος sup. lin. 22 | πασι] πασιν 36 etc.—233

7 θερισμου] τρυγητου 48 233 | βρεξω 1ᵒ —βρεξω 2ᵒ] om 95 185

iv 7   Q   22

μίαν, ἐπὶ δὲ πόλιν μίαν οὐ
βρέξω· μερὶς μία βραχήσεται,
καὶ μερὶς ἐφ᾽ ἣν οὐ βρέξω ἐπ᾽
αὐτὴν ξηρανθήσεται.

8 καὶ συναθροισθήσονται δύο
καὶ τρεῖς πόλεις εἰς πόλιν μίαν
τοῦ πιεῖν ὕδωρ καὶ οὐ μὴ ἐμ-
πλησθῶσιν, οὐδ᾽ ὡς ἐπεστρέψατε
πρὸς μέ, λέγει Κύριος.

9 ἐπάταξα ὑμᾶς ἐν πυρώσει
καὶ ἐν ἰκτέρῳ· ἐπληθύνατε κή-
πους ὑμῶν, ἀμπελῶνας ὑμῶν
καὶ συκῶνας ὑμῶν καὶ ἐλαιῶνας
ὑμῶν κατέφαγεν ἡ κάμπη, καὶ
οὐδ᾽ ὡς ἐπεστρέψατε πρὸς μέ,
λέγει Κύριος.

10 ἐξαπέστειλα εἰς ὑμᾶς
θάνατον ἐν ὁδῷ Αἰγύπτου, καὶ
ἀπέκτεινα ἐν ῥομφαίᾳ τοὺς
νεανίσκους ὑμῶν μετὰ αἰχμαλω-
σίας ἵππων σου, καὶ ἀνήγαγον

μίαν, ἐπὶ δὲ πόλιν μίαν οὐ
βρέξω· μερὶς μία βραχήσεται,
καὶ μερὶς ἐφ᾽ ἣν οὐ βρέξω
ξηρανθήσεται.

8 καὶ συναθροισθήσονται δύο
καὶ τρεῖς πόλεις εἰς μίαν πόλιν
τοῦ πιεῖν ὕδωρ καὶ οὐ μὴ ἐμ-
πλησθῶσιν, καὶ οὐκ ἐπεστράφητε
πρὸς μέ, λέγει Κύριος.

9 ἐπάταξα ὑμᾶς ἐν πυρώσει
καὶ ἐν ἰκτέρῳ· καὶ ἐπληθύνατε
τοῦ ἀσεβῆσαι οὓς κήπους ὑμῶν, καὶ
ἀμπελῶνας ὑμῶν καὶ συκῶνας
ὑμῶν καὶ ἐλαιῶνας ὑμῶν κατέ-
φαγεν ἡ κάμπη, καὶ οὐδ᾽ ὡς ἐπε-
στρέψατε πρὸς μέ, λέγει Κύριος.

10 ἐξαπέστειλα εἰς ὑμᾶς
θάνατον ἐν ὁδῷ Αἰγύπτου, καὶ
ἀπέκτεινα ἐν ῥομφαίᾳ τοὺς
νεανίσκους ὑμῶν μετὰ αἰχμαλω-
σίας ἵππων σου, καὶ ἀνήγαγον

---

7 μερις 2°]+μια 26 | επ αυτην] om 68
87 91 238

8 του πιειν] om του 87 91 | ουδ ως
επεστρεψατε] ουκ επεστραφητε Q^mg και
ουδ ως επεστρεψατε 49 106 και ουδ ουτως
επεστρεψατε 26

9 επληθυνατε] pr και (επληθυνατε)
+του ασεβησαι ους 238 | αμπελωνας] pr
και 238 | και ελαιωνας υμων κατεφαγεν η
καμπη] om 49 | και ουδ] om και 49 | ως]
ουτως 26 68 87

10 εξαπεστειλα] pr και 49

7 πολιν μιαν 2°] μιαν πολιν 36 48 51
62 95 147 153 233

8 συναθροισθησονται] -σεται 95 185 |
μιαν πολιν] πολιν μιαν 36 48 62 95 147
185 153 233 | του] om 153 | εμπλησθωσιν]
εμπληθωσι 62 147 εμπλησθωσι 147ᵃ | και
ουκ επεστραφητε] και ουδ ως επεστρεψατε
233 | επεστραφητε] απεστραφητε 51

9 εν 2°] om 62 147 | επληθυνατε]+του
ασεβησαι· νοσοις υμας περιεβαλον ποικιλαις,
υμεις δε επετεινετε την ασεβειαν· ους
επληθυνατε 95 185 | ους]+επληθυνατε 62 |
και αμπελ.] om και 48 233 | συκωνας]
συκονας 62 147 συκωνας 147ᵃ | και ουδ ως]
ουτως 95 185 153 | προς με] om 62
147

10 εξαπεστειλα] κ̅ς̅ sup. lin. 22ᵃ |
εις υμας] om εις 147

iv 10   Q

ἐν πυρὶ τὰς παρεμβολὰς ὑμῶν
ἐν τῇ ὀργῇ μου, καὶ οὐδ' ὡς
ἐπεστρέψατε π_ρὸς μέ, λέγει
Κύριος.

11 κατέστρεψα ὑμᾶς καθὼς
κατέστρεψεν ὁ Θεὸς Σόδομα καὶ
Γόμορρα, καὶ ἐγένεσθε ἕως δαλὸς
ἐξεσταλσμένον ἐκ πυρός, καὶ οὐδ'
ὡς ἐπεστρέψατε πρὸς μέ, λέγει
Κύριος.

12 διὰ τοῦτο οὕτως ποιήσω
σοι, Ἰσραήλ· πλὴν ὅτι οὕτως
ποιήσω σοι, ἑτοιμάζου τοῦ
ἐπικαλεῖσθαι τὸν Θεόν σου,
Ἰσραήλ.

13 διότι ἰδοὺ ἐγὼ στερεῶν
βροντὴν καὶ κτίζων πνεῦμα καὶ
ἀναγγέλλων εἰς ἀνθρώπους τὸν
χριστὸν αὐτοῦ, ποιῶν ὄρθρον
καὶ ὁμίχλην, καὶ ἐπιβαίνων ἐπὶ
τὰ ὑψηλὰ τῆς γῆς· Κύριος ὁ
Θεὸς ὁ παντοκράτωρ ὄνομα
αὐτῷ.

22

ἐν πυρὶ τὰς παρεμβολὰς ὑμῶν
ἐν τῇ ὀργῇ μου, καὶ οὐδ' ὡς
ἐπεστρέψατε πρὸς μέ, λέγει
Κύριος.

11 κατέστρεψα ὑμᾶς καθὼς
κατέστρεψεν ὁ Θεὸς Σόδομα καὶ
Γόμορρα, ἐγένεσθε ὡς δαλὸς
ἐξεσπασμένος ἐκ πυρός, καὶ οὐδ' ὡς
ἐπεστρέψατε πρὸς μέ, λέγει
Κύριος.

12 διὰ τοῦτο οὕτως ποιήσω
σοι, Ἰσραήλ· πλὴν ὅτι οὕτως
ποιήσω σοι, ἑτοιμάζου τοῦ
ἐπικαλεῖσθαι τὸν Θεόν σου,
Ἰσραήλ.

13 διότι ἰδοὺ στερεῶν βρον-
τὴν καὶ κτίζων πνεῦμα καὶ
ἀπαγγέλλων εἰς ἀνθρώπους τὸν
χριστὸν αὐτοῦ, ποιῶν ὄρθρον
καὶ ὁμίχλην, ἐπιβαίνων ἐπὶ τὰ
ὕψη τῆς γῆς· Κύριος ὁ Θεὸς ὁ
παντοκράτωρ ὄνομα αὐτῷ.

---

10 τη οργη] om τη 87 | οργη μου] ορ.
υμων Q^{mg} 87 91^a | ουδ ως] ουτως 26 68 87

11 κατεστρεψα] pr και 106 | εξεσταλσ-
μενον] εξεσταλσμενος Q^a εξαπεσταλμενος
Q^{mg} | ουδ ως] ουτως 26 87 91

12 πλην] postea superscr.

13 διοτι ιδου εγω] om ιδου εγω 26 49
68 87 91 106 om ιδου 238 | στερεων]
στερεω 106 | αναγγελλων] απ. Q^a 26 |
χριστον] λογον θ' Q^{mg} | ποιων] pr ο 26 49
68 87 91 238 | και επιβαινων] om και 26
49 68 87 91 106 238 | υψηλα] υψη Q^a 49
68 87 91 106 238 υψει 26

10 παρεμβολας υμων] om υμων 36 |
οργη μου] οργη υμων 48 153 233 | και ουδ
ως] ουτως 95 185 153

11 κατεστρεψα] ο κ̅ς̅ θ̅ς̅ sup. lin. 22^a |
και ουδ ως] ουτως 95 185 153

12 ουτως] οντως 130 | σοι 1°—σοι 2°]
om 95 185 | του] om 62 147

13 ιδου] + εγω 22^a 36 51^a 62 147 |
απαγγελλων] απαγγελων 62 147 -λλων
147^a | τον χριστον] Κ̅ Θ̅ sup. lin. 22 |
ποιων] pr ο 36 48 51 95 153 185 233 | επι-
βαινων] pr ο 62 | ο παντοκ.] om ο 36

Chap. v. 1   Q

1 Ἀκούσατε τὸν λόγον Κυρίου τοῦτον ὃν ἐγὼ λαμβάνω ἐφ' ὑμᾶς θρῆνον οἶκος τοῦ Ἰσραὴλ

2 ἔπεσεν, οὐκέτι μὴ προσθῇ τοῦ ἀναστῆναι· παρθένος τοῦ Ἰσραὴλ ἔσφαλεν ἐπὶ τῆς γῆς αὐτῆς, οὐκ ἔστιν ὁ ἀναστήσων αὐτήν.

3 διότι τάδε λέγει κύριος Κύριος ἡ πολεῖς ἐξ ἧς ἐξεπορεύοντο χείλιοι, ὑπολειφθήσονται ἑκατόν, καὶ ἐξ ἧς ἐξεπορεύοντο ἑκατόν, ὑπολειφθήσονται δέκα τῷ οἴκῳ Ἰσραήλ.

4 διότι τάδε λέγει Κύριος πρὸς τὸν οἶκον Ἰσραὴλ Ἐκζητήσατέ με, καὶ ζήσεσθε·

5 καὶ μὴ ἐκζητεῖτε Βεθὴλ καὶ εἰς Γάλγαλα μὴ εἰσπορεύεσθε, καὶ ἐπὶ τὸ φρέαρ τοῦ ὅρκου μὴ ἀναβαίνεται, ὅτι Γάλγαλα αἰχ-

Chap. v.   22

1 Ἀκούσατε τὸν λόγον τοῦτον ὃν ἐγὼ λαμβάνω ἐφ' ὑμᾶς θρῆνον οἶκος Ἰσραὴλ

2 ἔπεσεν, οὐκέτι μὴ προσθῇ τοῦ ἀναστῆναι· παρθένος τοῦ Ἰσραὴλ ἔσφαλεν ἐπὶ τῆς γῆς αὐτῆς, οὐκ ἔστιν ὁ ἀνιστῶν αὐτήν.

3 διότι τάδε λέγει κύριος Κύριος ἐκ πόλεως ἐξ ἧς ἐξεπορεύοντο χίλιοι, ὑπολειφθήσονται ἐν αὐτῇ ἑκατόν, καὶ ἐξ ἧς ἐξεπορεύοντο ἑκατόν, ὑπολειφθήσονται ἐν αὐτῇ δέκα τῷ οἴκῳ Ἰσραήλ.

4 διότι τάδε λέγει Κύριος πρὸς τὸν οἶκον Ἰσραὴλ Ἐκζητήσατέ με, καὶ ζήσεσθε·

5 καὶ μὴ ἐκζήτητε Βαιθὴλ καὶ εἰς Γάλγαλα μὴ εἰσπορεύεσθε, καὶ ἐπὶ τὸ φρέαρ τοῦ ὅρκου μὴ διαβαίνετε, ὅτι Γάλγαλα αἰχμαλω-

---

1 Κυριου] om 238 | του] om 26 49 68 87 91 106 238

2 μη] ου μη 26 | προσθη] προσθησει 68 91 προσθηση 87 | του 2°] om 91 | ο αναστησων] οι ο' ανιστων θ' ο αναστησων Q^{mg} ανιστων 68 87 91 238

3 διοτι] δια τουτο 68 91 | κυριος Κυριος] Κυριος ο Θεος Q^a Κυριος sem. tant. 238 | η πολεις] η πολοις Q^a εκ πολεως 238 | εξεπορευ: ντο 1° 2°] επορευοντο 91 106 87 | υπολειφθησονται 1° 2°] + εν αυτη 238

5 εκζητειτε] εκζητητε 238 | Βεθηλ] Βαιθηλ Q^a 49 68 87 91 106 238 | φρεαρ του ορκου] bersabee superscr. Q | αναβαινεται] αναβαινετε Q^a διαβαινετε 68 87 91 238

---

1 λογον] + Κυριου 36 48 51 62 147 153 233 | θρηνον] pr εις 62 147

2 ουκετι μη] ουκετι ου μη 22^a | πρσθη] προσθησει 48 62 προσθησω 147 προστεθη 233 | του 2°] om 153 | εσφαλεν] εσφηλεν 147 | επι της γης αυτης] (ουκ εν Αιγυπτ. αλλ' εν τη Ιουδα 147^{mg}) | αυτης] αυτου 48 | ανιστων] αναστησων 48 αναστων 153

3 διοτι] διο 62 δια τουτο 48 | κυριος] sem. tant. 51 62 95 147 153 185 Κυριου ο θ̄ς 130 | εκ πολεως] η πολις 48 153 233 | υπολειφ. 1°—εκατον 2°] om 62 | εν αυτη 1°] om 48 95 153 185 233 | υπολειφ. 2°] om 153 | εν αυτη 2°] om 48 153 233

4 ζησεσθε] ζησεσθαι 62

5 εκζητητε] -ειτε 48 62 95 147 153 185 233 | Βαιθηλ 1°] Βεθηλ 62 95 147 185 | διαβαινετε] 147^a 147?

v 5   Q

μαλωτευομένη αἰχμαλωτευθή-
σεται, καὶ Βαθὴλ ἔσται ὡς οὐκ
ὑπάρχουσα.

6 ἐκζητήσατε τὸν κύριον, καὶ
ζήσατε, ὅπως μὴ ἀναλάμψῃ ὡς
πῦρ ὁ οἶκος Ἰωσὴφ καὶ καταφάγεται
αὐτόν, καὶ οὐκ ἔσται ὁ σβέσων
τῷ οἴκῳ Ἰσραήλ.

7 Κύριος ὁ ποιῶν εἰς ὕψος
κρίμα, καὶ δικαιοσύνην εἰς γῆν
ἔθηκεν·

8 ποιῶν πάντα καὶ μετα-
σκευάζων, καὶ ἐκτρέπων εἰς τὸ
πρωὶ σκιάν, καὶ ἡμέραν εἰς νύκτα
συσκοτάζων· ὁ προσκαλούμενος
τὸ ὕδωρ τῆς θαλάσσης καὶ
ἐκχέων αὐτὸ ἐπὶ προσώπου τῆς
γῆς, Κύριος ὁ θεὸς ὁ παντοκράτωρ
ὄνομα αὐτῷ·

9 ὁ διορίζων συντριμμὸν ἐπ'
ἰσχύν, καὶ ταλαιπωρίαν ἐπὶ
ὀχύρωμα ἐπάγων.

                                     22

τευομένη αἰχμαλωτευθήσεται,
καὶ Βαιθὴλ ἔσται οὐχ ὑπάρχουσα.

6 ἐκζητήσατε τὸν κύριον, καὶ
ζήσεσθε, ὅπως μὴ ἀναλάμψῃ ὡς
πῦρ ὁ οἶκος Ἰωσὴφ καὶ καταφάγῃ
αὐτόν, καὶ οὐκ ἔσται ὁ σβέσων
τῷ οἴκῳ Ἰσραήλ.

7 Κύριος ὁ ποιῶν εἰς ὕψος
κρίμα, καὶ δικαιοσύνην εἰς γῆν
ἔθηκεν.

8 ὁ ποιῶν πάντα καὶ μετα-
σκευάζων, καὶ ἐκτρέπων εἰς τὸ
πρωὶ σκιὰν θανάτου, καὶ ἡμέραν
εἰς νύκτα συσκοτάζων· ὁ προσ-
καλούμενος τὸ ὕδωρ τῆς θαλάσ-
σης καὶ ἐκχέων αὐτὸ ἐπὶ πρ.σωπον
τῆς γῆς, Κύριος ὁ θεὸς ὁ παντο-
κράτωρ ὄνομα αὐτῷ·

9 ὁ διαιρῶν συντριμμὸν ἐπ'
ἰσχύν, καὶ ταλαιπωρίαν ἐπὶ
ὀχύρωμα ἐπάγων.

5 Βαθηλ] Βαιθηλ Qᵃ | ουκ] ουχ Qᵃ

6 ζησατε] ζησετε Qᵃ 49 ζησεσθε 26 106
238 ζητε 68 87 91 | αναλαμψη] αναλαμψει
26 | καταφαγεται] καταφαγη 87 91 238 |
τω οικω] τον οικον 68 87

7 Κυριος] om 68

8 ποιων παντα] om 26 49 106 pr o 68
87 91 238 Qᵃ | σκιαν] + θανατου Qᵐᵍ 68 87
91 238 | συσκοταζων] συσκοταζη Qᵐᵍ ᵛⁱᵈ pr
και 68 | προσωπου] προσωπον Qᵃ | της γης]
pr πασης 26

9 διοριζων] διαιρων 26 49 68 87 91 106
238

5 και Βαιθηλ εσται] om 62 | Βαιθηλ 2ᵛ]
Βεθηλ 36 48 51 95 147 153 185 233 | εσται]
+ ως 36 48 51 95 147 (hiıb. 147ᵃ) 153 185
233

6 ζησεσθε] ζησεσθαι 62 ζητησατε 153
ζητε 48 233 | αναλαμψη] αναλαμψει 62
147 -η 147ᵃ | Ιωσηφ] Εφραιμ 22ᵐᵍ pr του
95 185 | καταφαγη] καταφαγεται 233 |
σβεσων] σπεσων 95 185 | τω οικω] τον
οικον 85 185

7 Κυριος] om 48 95 185 | com. 7. 8. tr.
153

8 ο ποιων] om ο 233 (παντα ποιων
147) | το πρωι] τω πρ. 62 | θανατου] om
48 | νυκτα] νυκτας 62 | συσκοταζων] -ζει
95 185 | αυτο] αυτω 62 | προσωπον] -ου
36 95 185 | ο θ̅ς̅ ο παντ.] om 48

9 επ] επι 62 | ταλαιπωριαν] ταλαι-
ποριαν 62 147 -ωριαν 147ᵃ

v 10　　　Q

10 ἐμείσησαν ἐν πύλαις ἐλέγ-
χοντα, καὶ λόγον ὅσιον ἐβδελύ-
ξαντο.

11 διὰ τοῦτο ἀνθ᾽ ὧν κατεκον-
δύλιζον εἰς κεφαλὰς πτωχῶν, καὶ δῶρα
ἐκλεκτὰ ἐδέξασθε παρ᾽ αὐτῶν,
οἴκους ξυστοὺς οἰκοδομήσατε καὶ
οὐ μὴ κατοικήσεται ἐν αὐτοῖς, καὶ
ἀμπελῶνας ἐπιθυμητοὺς φυτεύσεται
καὶ οὐ μὴ πίητε οἶνον ἐξ αὐτῶν.

12 ὅτι ἔγνων πολλὰς ἀσεβείας
ὑμῶν, καὶ ἰσχυραὶ αἱ ἁμαρτίαι
ὑμῶν καταπατοῦντες δίκαιον,
λαμβάνοντες ἀλλάγματα καὶ
πένητα ἐν πύλαις ἐκκλείνοντες.

13 διὰ τοῦτο ὁ συνίων ἐν τῷ
καιρῷ ἐκείνῳ σιωπήσεται, ὅτι
καιρὸς πονηρός ἐστιν.

10 εμεισησαν] εμισησαν 26 49 68 87
91 106 238

11 δια τουτο] + ουτως ειπε κσ 49 + ουτως
λεγει κσ 68 87 | κατεκονδυλιζον] κατεκον-
δυλιζετε 87 238 | εις κεφαλας πτωχων]
πτωχους Qᵐᵍ 68 87 91 238 | ξυστους]
ξεστους Qᵃ 68 91 238 | οικοδομηθησατε]
ωκοδομησατε Qᵃ 68 87 91 οικοδομησετε 26
49 106 238 | κατοικησεται] κατοικησετε
Qᵃ 49 κατοικησητε 26 68 87 91 106 238 |
και αμπ.] om και 68 87 91 238 | φυτευσεται]
φυτευσατε Qᵃ εφυτευσατε 26 68 87 91 238
φυτευσετε 49 106 | και ου μη πιητε οινον
εξ αυτων] και ου μη κατοικησητε 91ᵃ | πιητε]
πιετε 106 | οινον] pr τον Qᵃ 26 49 68 87 91
106 238

12 καταπατουντες] οι ο΄ καταπατουσαι
Qᵐᵍ 26 49 68 87 91 238 οι λ~ καταπατουντες
Qᵐᵍ | δικαιον] δικαια 106 | αλλαγματα]
ανταλλ. 26 49 68 87 91 106 238 | πενητα]
πενητας Qᵃ 26 49 68 87 91 106 238 |
εκκλεινοντες] εκκλινοντες Qᵃ 26 49 68 87
91 106 238

13 εκεινω] εκεινη Qᵐᵍ | πονηρος] πονη-
ρων 87 pr ο 49

22

10 ἐμίσησαν ἐν πύλαις ἐλέγ-
χοντα, καὶ λόγον ὅσιον ἐβδελύ-
ξαντο.

11 διὰ τοῦτο ἀνθ᾽ ὧν κατεκον-
δυλίζετε πτωχόν, καὶ δῶρα ἐκλεκτὰ
ἐδέξασθε παρ᾽ αὐτοῦ, οἴκους ξεστοὺς
οἰκοδόμηστε καὶ οὐ μὴ κατοικήσητε
ἐν αὐτοῖς, ἀμπελῶνας ἐπιθυμη-
τοὺς ἐφυτεύσατε καὶ οὐ μὴ πίητε
τὸν οἶνον αὐτῶν.

12 ὅτι ἔγνων πολλὰς ἀσεβείας
ὑμῶν, καὶ ἰσχυραὶ αἱ ἁμαρτίαι
ὑμῶν καταπατοῦντες δίκαιον,
λαμβάνοντες ἀλλάγματα καὶ
πένητας ἐν πύλαις ἐκκλίνοντες.

13 διὰ τοῦτο ὁ συνίων ἐν τῷ
καιρῷ ἐκείνῳ σιωπήσεται, ὅτι
καιρὸς πονηρός ἐστιν.

11 δια τουτο] + οιτως ειπε κσ 36 | κατε-
κονδυλιζετε] κατεκονδυλιζον 48 153 233 |
πτωχον] πτωχους 48 πτωχων 62 153 233
pr εις κεφαλας 153 233 | εδεξασθε] εδοξασ-
θαι 62 | αυτου] αυτων 48 153 185 233 |
ξεστους] ξυστους 153 | οικοδομηστε] οικοδο-
μησατε 22ᵃ -σετε 36 51 ωκοδομησατε 48
233 | κατοικησητε] οικησητε 95 185 | αμ-
πελωνας] pr και 233 | επιθυμητους] -μιτους
147 -μητους 147ᵃ | πιητε] πιετε 36 ποιητε
62 | αυτων] pr εξ 48 233

12 καταπατουντες] καταπατουσαι 36 48
51 95 153 185 233 | αλλαγματα] ανταλλ.
36 48 51 95 153 185 233

13 συνιων] ν sup. lin. 22 | πονηρος]
πονηρων 48 pr ο (καιρος) 95 185 | οτι καιρος
πονηρος εστιν] om 153

v 14   Q

14 ἐκζητήσατε τὸ καλὸν καὶ
μὴ τὸ πονηρόν, ὅπως ζήσητε, καὶ
ἔσται οὕτως μεθ᾽ ὑμῶν Κύριος ὁ
θεὸς ὁ παντοκράτωρ· ὃν τρόπον
εἴπατε

15 Μεμισήκαμεν τὰ πονηρὰ
καὶ ἠγαπήκαμεν τὰ καλά, καὶ
ἀποκαταστήσατε ἐν πύλαις
κρίμα, ὅπως ἐλεήσῃ Κύριος ὁ
θεὸς ὁ παντοκράτωρ τοὺς περι-
λοίπους τοῦ Ἰωσήφ·

16 διὰ τοῦτο τάδε λέγει
Κύριος ὁ θεὸς ὁ παντοκράτωρ
Ἐν πάσαις πλατείαις κοπετός,
καὶ ἐν πάσαις ὁδοῖς ῥηθήσεται
οὐαὶ οὐαί· κληθήσεται γεωργὸς
εἰς πένθος καὶ κοπετόν, καὶ εἰς
εἰδότας θρῆνον,

17 καὶ ἐν πάσαις ὁδοῖς
κοπετός, διότι διελεύσομαι διὰ
μέσου σου, εἶπεν Κύριος.

18 οὐαὶ οἱ ἐπιθυμοῦντες τὴν

22

14 ἐκζητήσατε τὸ καλὸν καὶ
μὴ τὸ πονηρόν, ὅπως ζήσητε, καὶ
ἔσται οὕτως μεθ᾽ ὑμῶν Κύριος ὁ
θεὸς ὁ παντοκράτωρ· ὃν τρόπον
εἴπατε

15 Μεμισήκαμεν τὰ πονηρὰ
καὶ ἠγαπήκαμεν τὰ καλά, καὶ
ἀποκαταστήσατε ἐν πύλαις
κρίμα, ὅπως ἐλεήσῃ Κύριος ὁ
θεὸς ὁ παντοκράτωρ τοὺς κατα-
λοίπους τοῦ Ἰσραήλ·

16 διὰ τοῦτο τάδε λέγει
Κύριος ὁ θεὸς ὁ παντοκράτωρ
Ἐν πάσαις ταῖς πλατείαις κοπετός,
καὶ ἐν πάσαις ταῖς ὁδοῖς ῥηθήσεται
οὐαὶ οὐαί· κληθήσεται γεωργὸς
εἰς πένθος καὶ εἰς κοπετόν, καὶ
εἰς εἰδότας θρῆνον,

17 καὶ ἐν πάσαις ὁδοῖς
κοπετός, διότι διελεύσομαι διὰ
μέσου σου, εἶπεν Κύριος.

18 οὐαὶ οἱ ἐπιθυμοῦντες τὴν

14 το πονηρον] om το 87 | ουτως μεθ
υμων] ponit μεθ υμων statim post ο παντ.
87 91 | Κυριος ο θεος] pr ζη 49

15 αποκαταστησατε] -σετε 49 κατα-
στησατε 91 | περιλοιπους] καταλοιπους 91
238 περιλυπους 198 | του Ιωσηφ] του Ισραηλ
26 238mg

16 πλατειαις] pr ταις 26 68 106 238 |
οδοις] pr ταις 68 87 106 | κοπετον] pr εις
68 238 | ειδοτας] οδοντας 26 ειδοτα 49
ειδοντας 106

17 κοπετος] κοπετον 106 | διοτι διελευ-
σομαι] διοτι εισελευσωμαι 26 οτι διελευσομαι
68 87 οτι ελευσομαι 91 διοτι ελευσομαι
106 | μεσου σου] om σου 106

14 το 2°] om 48 | ζησητε] ζησεισθαι 62
ζησησθε 147 | ουτως μεθ υμων] ponit μεθ
υμων statim post παντοκρατωρ 153 μεθ
υμων ουτως 95 185

15 Μεμισηκαμεν] εμισησαμεν 147
εμησησαμεν 62 | ηγαπηκαμεν] -σαμεν 62
147 | αποκαταστησατε] κατα- 153 | ελ-
εηση] -σει 62 147 -ση 147ᵃ | καταλοιπους]
περιλοιπ. 48 153 233 | Ισραηλ] Ιωσηφ 48
62 95 147 185 233 τω Ιωσ. 153

16 Κυριος ο θεος] om ο θεος 62 | ταις
1°] om 51 95 153 185 233 | ταις 2°] om 36
51 62 147 153 233 | ουαι ουαι] θρηνος 95
185 | και εις κοπ.] om 48 153 233

17 οδοις] pr ταις 62 147 | διελευσομαι]
ελευσ. 48 233 | δια] εν 62 147 | σου] om
36 | ειπεν] ειπε 22ᵃ | λεγει 62 95 147 185

18 επιθυμουντες] -μουνται 62

v 18 Q

ἡμέραν Κυρίου· ἵνα τί αὕτη ὑμῖν ἡ ἡμέρα τοῦ Κυρίου; καὶ αὕτη ἐστὶν σκότος καὶ οὐ φῶς.

19 ὃν τρόπον ἐὰν φύγῃ ἄνθρωπος ἐκ προσώπου τοῦ λέοντος, καὶ ἐμπέσῃ αὐτῷ ἡ ἄρκος, καὶ εἰσπηδήσῃ εἰς τὸν οἶκον αὐτοῦ καὶ ἀπερίσηται τὰς χεῖρας αὐτοῦ εἰς τὸν τοῖχον, καὶ δάκῃ αὐτὸν ὄφις.

20 οὐχὶ σκότος ἡ ἡμέρα τοῦ Κυρίου καὶ οὐ φῶς; καὶ γνόφος οὐκ ἔχων φέγγος αὐτῆς;

21 μεμίσηκα, ἀπῶσμαι ἑορτὰς ὑμῶν, καὶ οὐ μὴ ὀσφρανθῶ ἐν ταῖς πανηγύρεσιν ὑμῶν.

22 δι᾽ τι καὶ ἐὰν ἐνέγκητέ μοι ὁλοκαυτώματα καὶ θυσίας ὑμῶν, οὐκ ἐπιβλέψομαι.

22

ἡμέραν Κυρίου· καὶ ἵνα τί ὑμῖν αὕτη ἡ ἡμέρα τοῦ Κυρίου; καὶ αὕτη ἐστὶ σκότος καὶ οὐ φῶς.

19 ὃν τρόπον ἐὰν ἐκφύγῃ ἄνθρωπος ἐκ προσώπου τοῦ λέοντος, καὶ ἐμπέσῃ αὐτῷ ἡ ἄρκος, καὶ εἰσπηδήσῃ εἰς τὸν οἶκον καὶ ἀπερείσηται τὰς χεῖρας αὐτοῦ εἰς τὸν τοῖχον, καὶ δάκῃ αὐτὸν ὁ ὄφις.

20 οὐχὶ σκότος ἡ ἡμέρα τοῦ Κυρίου καὶ οὐ φῶς; καὶ γνόφος οὐκ ἔχων φέγγος αὐτῆς;

21 μεμίσηκα, ἀπῶσμαι τὰς ἑορτὰς ὑμῶν, καὶ οὐ μὴ ὀσφρανθῶ θυσίας ἐν ταῖς πανηγύρεσιν ὑμῶν.

22 διότι ἐὰν ἐνέγκητέ μοι ὁλοκαυτώματα καὶ θυσίας ὑμῶν, οὐ προσδέξομαι, καὶ σωτηρίου ἐπιφανείας ὑμῶν οὐκ ἐπιβλέψομαι.

---

18 Κυριου 1°—Κυριου 2°] om 106 | ινα τι] pr και 238 | αυτη υμιν] tr. 238 οιη υμιν 49 hab 49ᵃ

19 φυγη] εκφιγη 26 49 106 238 | του λεοντος] om του 26 | εμπεση] εμπεσει 106 | εισπηδηση] εισπηδησει 26 106 | οικον αυτου] om αυτου 68 87 238 | απερισηται] απερεισηται Qᵃ 238 απερησει 26 91 απερειση 49 68 87 απερεισει 106 | χειρας αυτου] om αυτου 238 | εις] επι 68 87 91 238 | δακη] δακει 26 | οφις] pr ο 238

20 γνοφος] pr ου 26 | αυτης] αυτη 26 49 68 87 91 106

21 εορτας] pr τας 238 | οσφρανθω]+θυσιας 26 106

22 και 1°] om 26 68 87 91 238 | ενεγκητε] ενεγκης 26 | ολοκαυτωματα] pr τα 106 | υμων]+ου προσδεξομαι και σωτηριους επιφανειας υμων Qᵐᵍ (ου προσδεξομαι αυτα Qᵐᵍ 26 49 106) 26 49 68 87 91 106 238 (σωτηριους] σωτηριου 26 49 68 106 238) | επιβλεψομαι] επιβλεψωμαι 26

18 και 1°] om 48 153 233 | υμιν αυτη] αυτη υμιν 48 153 om υμιν 233 | η] om 51 hab 51ᵃ | του] om 62 147 153 | εστι] επι 62 147 εστιν 147ᵃ

19 εαν] οταν 62 147 | εκφυγη] φυγη 48 153 | του] om 36 62 147 | εμπεση] -σει 62 | η] del. 147 | εισπηδηση] -σει 62 | οικον] + αυτου 48 153 233 | απερεισηται] απερησειται 62 απερειση 95 185 απερησηται 147 απερεισηται 147ᵃ απερεισει 153 | τας] om 36 | εις] επι 36 48 62 95 153 147 185 | ο] om 48 95 153 185 233

20 η] om 130 | αυτης] αυτη 48 51 233 εν αυτη 153

21 μεμισηκα] μεμισικα 62 | απωσμαι] pr και 95 185 απωσομαι 153 | τας] om 48 153 233 | θυσιας] om 36 51 95 153 185 233 θυσιαν 62 147 |

22 διοτι εαν] διοτι και αν 233 | ενεγκητε] ενεγκειται 62 147 ενεγκητε 147ᵃ | προσδεξομαι] + αυτα 36 233 | σωτηριου] -ους 48 51 233

v 23   Q

23 μετάστησον ἀπ᾽ ἐμοῦ ἦχον ᾠδῶν σου, καὶ ψαλμὸν ὀργάνων σου οὐκ ἀκούσομαι·

24 καὶ κυλισθήσεται ὡς ὕδωρ κρίμα, καὶ δικαιοσύνη ὡς χιμάρρους ἄβατος.

25 μὴ σφάγια καὶ θυσίας προσηνέγκατέ μοι ἐν τῇ ἐρήμῳ τεσσαράκοντα ἔτη, οἶκος Ἰσραήλ; λέγει κύριος.

26 καὶ ἀνελάβετε τὴν σκηνὴν τοῦ Μολὸχ καὶ τὸ ἄστρον τοῦ θεοῦ ὑμῶν Ῥεφάν, τοὺς τύπους οὓς ἐποιήσατε ἑαυτοῖς·

27 καὶ μετοικιῶ ὑμᾶς ἐπέκεινα Δαμασκοῦ, λέγει Κύριος, ὁ θεὸς ὁ παντοκράτωρ ὄνομα αὐτῷ.

Chap. vi.

1 Οὐαὶ τοῖς ἐξουθενοῦσιν Σειὼν καὶ τοῖς πεποιθόσιν ἐπὶ τὸ ὄρος Σαμαρείας· ἀπετρύγησαν ἀρχὰς ἐθνῶν, καὶ εἰσῆλθον αὐτοί. οἶκος τοῦ Ἰσραήλ,

                              22

23 μετάστησον ἀπ᾽ ἐμοῦ ἦχον ᾠδῶν σου, καὶ ψαλμὸν ὀργάνων σου οὐκ ἀκούσομαι·

24 καὶ κυλισθήσεται ὡς ὕδωρ κρίμα, καὶ ἡ δικαιοσύνη ὡς χειμάρρους ἄβατος.

25 μὴ σφάγια καὶ θυσίας προσηνέγκατέ μοι τεσσαράκοντα ἔτη ἐν τῇ ἐρήμῳ, οἶκος Ἰσραήλ;

26 καὶ ἀνελάβετε τὴν σκηνὴν τοῦ Μολὸχ καὶ τὸ ἄστρον τοῦ θεοῦ ὑμῶν Ῥαιφάν, τοὺς τύπους οὓς ἐποιήσατε ἑαυτῶν·

27 καὶ μετοιχιῶ ὑμᾶς ἐπέκεινα Δαμασκοῦ, λέγει Κύριος, ὁ θεὸς ὁ παντοκράτωρ ὄνομα αὐτῷ.

Chap. vi.

1 Οὐαὶ τοῖς ἐξουθενοῦσι Σιὼν καὶ τοῖς πεποιθόσιν ἐπὶ τὸ ὄρος Σαμαρείας· ἀπετρύγησαν ἀρχὰς ἐθνῶν, καὶ εἰσῆλθον ἐν αὐταῖς. οἶκος τοῦ Ἰσραήλ,

24 δικαιοσυνη] pr η 68 238 | χιμαρρους] χειμαρρους 26 49 68 87 91 106 238

25 προσηνεγκατε] προσηνεγκετε Q^a | τεσσ. ετη οικος Ισραηλ] μ´ ετη οικος Ισ. 26 49 68 87 91 106 οικος Ισ. pon. stat. post ερημω 238 | λεγει Κ.] om 68 87 91 238

26 Ρεφαν] Ραιφαν 26 49 68 87 91 106 238 | τυπους]+αυτων 26 49 106 Q^{mg}

27 Δαμασκου] Βαβυλωνος 26

1 Σειων] Σιων Q^a | αυτοι] εαυτοις Q^a 68 87 91 εν αυταις 238

24 η] om 48 153 233

25 οικος] om 147

26 Ραιφαν] Ρεφαν 62 147 Ρεμφαν 95 185 | τυπους]+αυτων 48 36 153 233 | εαυτων] εαυτοις 36 etc.—233

27 ο θεος] om 153 233 | μετοιχιω] μετοιχειω 62

1 εξουθενουσι] -σιν 36 48 51 95 153 185 233 | Σιων] Σειων 36 48 51 95 185 233 | πεποιθοσιν] πεποιθωσιν 62 147 -οσιν 147^a | απετρυγησαν] επετρ. 153 | εν αυταις] εαυτοις 62 95 147 185 εν αυτοις 233 αυτοι 147^a 36 48 51 153 | του] om 153

vi 2   Q   22

2 διάβητε πάντες καὶ εἴδετε εἰς μαθραββὰ καὶ διέλθατε ἐκεῖθεν, καὶ κατάβητε εἰς Γὲθ ἀλλοφύλων, τὰς κρατίστας ἐκ πασῶν τῶν βασιλειῶν τούτων, εἰ πλείονα τὰ ὅρεια αὐτῶν ἐστὶν τῶν ὑμετέρων ὁρείων.

3 οἱ εὐχόμενοι εἰς ἡμέραν κακήν, οἱ ἐγγίζοντες καὶ ἐφαπτόμενοι σαββάτων ψευδῶν,

4 οἱ καθεύδοντες ἐπὶ κλεινῶν ἐλεφαντίνων καὶ κατασπαταλῶντες ἐπὶ ταῖς στρωμναῖς αὐτῶν, αἱ ἔσθοντες ἐρίφους ἐκ ποιμνίων καὶ μοσχάρια ἐκ μέσου βουκολίων γαλαθηνά,

2 διάβητε πάντες καὶ ἴδετε εἰς Χαλάννην καὶ διέλθετε ἐκεῖθεν εἰς Αἰμὰθ τὴν μεγάλην καὶ κατάβητε ἐκεῖθεν εἰς Γὲθ τῶν ἀλλοφύλων, τὰς κρατίστας ἐκ πασῶν τῶν βασιλειῶν τούτων, εἰ πλείονα ἐστὶ τὰ ὅρια αὐτῶν τῶν ὑμετέρων ὁρίων.

3 οἱ ἐρχόμενοι εἰς ἡμέραν κακήν, οἱ ἐγγίζοντες καὶ ἐφαπτόμενοι σαββάτων ψευδῶν,

4 οἱ καθεύδοντες ἐπὶ κλινῶν ἐλεφαντίνων καὶ κατασπαταλῶντες ἐπὶ ταῖς στρωμναῖς αὐτῶν, οἱ ἐσθίοντες ἐρίφους ἐκ ποιμνίων καὶ μοσχάρια ἐκ μέσου βουκολίων γαλαθηνά,

2 ειδετε] ιδετε 26 49 68 87 91 106 238 + εις Χαλαννην 238 + εις Χαλαννην 68 91 | εις μαθραββα και διελθατε εκειθεν] και διελθατε εκειθεν εις Εμαθ Ραββα 26 49 68 87 91 106 238 | μαθραββα] Αιμαθραββα 26 Αιμαθ Ραββα 49 Εμα θρααβα 68 Αιμαθ την μεγαλην 238 | διελθατε] διελθετε Qᵃ 49 68 91 238 | καταβητε] + εκειθεν 26 49 106 238 | αλλοφυλων] pr των 68 87 238 | βασιλειων] πολεων 26 | ει] εις 106 | πλειονα] πλεονα 26 49 68 87 91 106 238 | ορεια] ορια Qᵃ 26 49 68 87 91 106 238 | τα ορεια αυτ. εστιν] εστιν τα ορια αυτων 238 | υμετερων] ημετερων 68 | ορειων] οριων Qᵃ 26 49 68 87 91 106 238

3 ευχομενοι] ερχομενοι Qᵃ 49 68 87 91 106 238 pr οναι 49 91ᵃ | και] om 87

4 κλεινων] κλινων Qᵃ 26 Cyr. Alex. θυρων 49 68 87 91 106 238 κληνων Qᵐᵍ | και 1°] om 106 | ταις] om 106 | αι εσθοντες] και εσθοντες Qᵃ 26 49 87 198 οι εσθιοντες 238 και εσθιοντες 91 106 | εκ 1°] om 49 | εκ 2°] om 26 49 106

2 εις Χαλαννην] εις Χαλανην 62 95 147 185 om 36 48 51 153 233 | διελθετε] ·θατε 48 233 | Αιμαθ την μεγαλην] 36. Αιμαθ ραβα 36ᵃ sic nisi Αιθαμ 95 185 Αιμαθραββα 153 σημαθ την μεγαλην 62 147 Εμαθ Ραββα 48 51 233 | εκειθεν 2°] om 153 233 | των 1°] om 48 153 233 | αλλοφυλων] sic 147 αλοφυλων 147ᵃ ¦ εστι τα ορια αυτων] τα ορια αυτων εστιν 48 153 233 ¦ των 3°] om 51 hab 51ᵃ | υμετερων] ημετερων 147

3 οι ερχ.] pr οναι 36

4 καθευδοντες] ·δωντες 62 | κλινων] κληνων 62 | στρωμναις] στρομναις 147 | οι 2°] και 51 153 | εσθιοντες] εσθοντες 48 233 | εκ μεσου] εκ μεσον 62 εν μεσω 153

vi 5   Q   22

5 οἱ ἐπικροτοῦντες πρὸς τὴν φωνὴν τῶν ὀργάνων, ὡς ἑστῶτα ἐλογίσαντο καὶ οὐχ ὡς φεύγοντα·

6 οἱ πίνοντες τὸν διυλισμένον οἶνον, καὶ τὰ πρῶτα μύρα χριόμενοι, καὶ οὐκ ἔπασχον οὐδὲν ἐπὶ τῇ συντριβῇ Ἰωσήφ.

7 διὰ τοῦτο νῦν αἰχμάλωτοι ἔσονται ἐξ ἀρχῆς δυναστῶν, καὶ ἐξαρθήσεται χρεμετισμὸς ἵππων Ἐφραίμ.

8 ὅτι ὤμοσεν Κύριος καθ᾽ ἑαυτοῦ διότι βδελύσσομαι ἐγὼ πᾶσαν τὴν ὕβριν Ἰακώβ, καὶ τὰς χώρας αὐτοῦ μεμίσηκα, καὶ ἐξαρῶ πόλιν σὺν πᾶσιν τοῖς κατοικοῦσιν αὐτήν·

9 καὶ ἔσται ἐὰν ὑπολειφθῶσιν δέκα ἄνδρες ἐν οἰκίᾳ μιᾷ, καὶ ἀποθανοῦνται καὶ ὑπολειφθήσονται οἱ κατάλοιποι,

5 οἱ ἐπικροτοῦντες πρὸς τὴν φωνὴν τῶν ὀργάνων, ὡς ἑστῶτα ἐλογίσαντο καὶ οὐχ ὡς φεύγοντα.

6 οἱ πίνοντες τὸν διυλισμένον οἶνον, καὶ τὰ πρῶτα μύρα χριόμενοι, καὶ οὐκ ἔπασχον οὐδὲν ἐπὶ τῇ συντριβῇ τοῦ Ἰωσήφ.

7 διὰ τοῦτο νῦν αἰχμάλωτοι ἔσονται ἀπ᾽ ἀρχῆς δυναστῶν, καὶ ἐξαρθήσεται χρεμετισμὸς ἵππων ἐξ Ἐφραίμ.

8 ὅτι ὤμοσεν Κύριος καθ᾽ ἑαυτοῦ λέγει Κύριος ὁ θεὸς τῶν δυνάμεων διότι βδελύσσομαι ἐγὼ πᾶσαν τὴν ὕβριν Ἰακώβ, καὶ τὰς χώρας αὐτοῦ μεμίσηκα, καὶ ἐξαρῶ πόλιν σὺν πᾶσι τοῖς κατοικοῦσιν αὐτήν·

9 καὶ ἔσται ἐὰν ὑπολειφθῶσι δέκα ἄνδρες ἐν οἰκίᾳ μιᾷ, ἀποθανοῦνται καὶ ὑπολειφθήσονται οἱ κατάλοιποι,

5 επικροτουντες] επικρατουντες 49 68 91 106 238

6 τη συντριβη] την συντριβην 91 | Ιωσηφ] pr του 238

7 αιχμαλωτοι εσονται] αιχμαλωτισθησεται 87 | εξ] επ Qᵐᵍ απ 26 49 68 91 106 238 ! εξ αρχης] απαρχη 87 | Εφραιμ] pr εξ 26 49 68 87 91 106 238

8 καθ εαυτου] + λεγει κ̄ς̄ ο θ̄σ̄ των δυναμεων 68 87 91 + λεγων κ̄ς̄ ο θ̄σ̄ των δυν. 238 καθ αυτου 26 | διοτι] οτι 26 49 | αυτου] αυτων 49 106

9 ανδρες] om 26 49 68 87 91 106 238 | και 2°] om 106 238 | και υπολειφθησονται οι καταλοιποι] om 68 87 91

5 επικροτουντες] επικρατ. 51 95 185 | εστωτα] εστηκοτα 48 | ελογισαντο] ελογησαντο 62

6 χριομενοι] χριωμενοι 62 147 χριομενοι 147ᵃ | επασχον] επασχων 62 | ουδεν] om 95 185 | τη συντριβη] την συντριβην 153 | του] om 48 153 233

7 νυν] om 62 147 | εξ] om 233

8 ωμοσεν] -σε 62 147 | λεγει...δυναμεων] λεγων 36 51 62 95 147 185 om 48 153 233 | αυτου] αυτων 153 | πολιν] πολεις 153 | πασι] πασιν 36 48 95 153 185 233 | αυτην] αυτας 153

9 υπολειφθωσι] -σιν 36 48 51 95 153 185 233 | ανδρες] om 36 48 51 95 153 185 233 | αποθανουνται] pr και 48 153 233 | και υπολ. οι καταλοιποι] om 153

vi 10   Q   22

10 καὶ λήμψονται οἱ οἶκοι αὐτῶν καὶ παραβιῶνται τοῦ ἐξενέγκε τὰ ὀστᾶ αὐτῶν ἐκ τοῦ οἴκου· καὶ ἐρεῖ τοῖς προεστηκόσιν τῆς οἰκίας εἰ ἔτι ὑπάρχει παρὰ σοί; καὶ ἐρεῖ οὐκ ἔτι· καὶ ἐρεῖ σίγα, ἕνεκα τοῦ ὀνομάσαι τὸ ὄνομα Κυρίου.

11 διότι ἰδοὺ Κύριος ἐντέλλεται, καὶ πατάξει τὸν οἶκον τὸν μέγαν θλάσμασιν καὶ τὸν οἶκον τὸν μικρὸν ῥάγμασιν.

12 εἰ διώξονται ἐν πέτραις ἵπποι; εἰ παρασιωπήσονται ἐν θηλίαις; ὅτι ὑμεῖς ἐξεστρέψατε εἰς θυμὸν κρίμα, καὶ καρπὸν δικαιοσύνης εἰς πικρίαν,

13 οἱ εὐφραινόμενοι ἐπ᾽ οὐδενὶ λόγῳ, οἱ λέγοντες οὐκ ἐν τῇ ἰσχύι ἡμῶν ἔσχομεν κέρατα;

10 καὶ λήψονται οἱ οἰκεῖοι οἱ αὐτῶν καὶ παραβιῶνται τοῦ ἐξενεγκεῖν τὰ ὀστᾶ αὐτῶν ἐκ τοῦ οἴκου· καὶ ἐρεῖ τοῖς προεστηκόσι τοῦ οἴκου εἰ ἔτι ὑπάρχει παρὰ σοί; καὶ ἐρεῖ οὐκ ἔτι· καὶ ἐρεῖ σίγα, ἕνεκεν τοῦ μὴ ὀνομάσαι τὸ ὄνομα Κυρίου.

11 διότι ἰδοὺ Κύριος ἐντέλλεται, καὶ πατάξει τὸν οἶκον τὸν μέγαν θλάσμασι καὶ τὸν οἶκον τὸν μικρὸν ῥάγμασιν.

12 εἰ διώξονται ἐν πέτραις ἵπποι; εἰ παρασιωπήσονται ἐν θηλείαις; ὅτι ἐξεστρέψατε εἰς θυμὸν κρίμα, καὶ καρπὸν δικαιοσύνης εἰς πικρίαν,

13 οἱ εὐφραινόμενοι ἐπ᾽ οὐδενὶ λόγῳ ἀγαθῷ, οἱ λέγοντες οὐκ ἐν τῇ ἰσχύι ἡμῶν ἔσχομεν κέρατα;

10 οικοι] οικειοι Qᵃ 26 49 68 87 91 106 238 + οι 26 49 68 87 91 106 238 | παραβιωνται] pr οι 26 106 | εξενεγκε] εξενεγκαι Qᵃ 26 49 68 87 91 106 ‹εξενεγκειν 238 | προεστηκοσιν] -σι Qᵃ 26 49 68 87 91 106 238 | της οικιας] του οικου 238 | ερει 2°] ερεις 106 | ενεκα] ενεκεν 26 238 | ονομασαι] pr μη Qᵃ 26 49 68 87 91 106 238
11 εντελλεται] εντεταλται 49 86 | ραγμασιν] ρηγμασιν Qᵃ 68 87 91 238
12 θηλιαις] θηλειαις Q* 26 49 68 87 91 106 238 | υμεις] om 68 87 91 238
13 λογω] + αγαθω 68 87 91ᵃ 238 | εσχομεν] εχομεν 91

10 ληψονται] λημψονται 36 48 51 95 147 (ληψονται 147ᵃ) 153 185 233 | και παραβιωνται] pr οι καταλοιποι 153 | παραβιουνται 153 | εξενεγκειν] -γκαι 48 153 233 | εκ] om 95 185 | οικου 1°] + μου 36 | προεστηκοσι] -ωσι 62 -σιν 36 48 51 95 153 185 233 | του οικου 2°] της οικιας 48 95 153 185 233 | σιγα] σηγα 62 | ενεκεν] ενεκα 48 62 147 233
11 μεγαν] + του Ισραηλ 153ᵃ | θλασμασι] -σιν 48 51 95 153 185 233 σεισμασι 36 | ραγμασιν] ρηγμασιν 36 62 95 147 185 ρυγμασιν 153
12 ιπποι] ιππου 95 185 | οτι] + υμεις 36 233 + υμων 153 | θυμον] θυμω 62
13 ευφραινομενοι] ευφρενομενοι 62 | αγαθω] om 48 153 233 | εσχομεν] εχομεν 95 185

vi 14   Q

14 διότι ἰδοὺ ἐγὼ ἐπεγείρω ἐφ᾽ ὑμᾶς, οἶκος τοῦ Ἰσραήλ, ἔθνος, καὶ ἐκθλίψουσιν ὑμᾶς τοῦ μὴ εἰσελθεῖν εἰς Ἐμὰθ καὶ ἕως τοῦ χιμάρρον τῶν δυσμῶν.

Chap. vii.

1 Οὕτως ἔδειξέν μοι Κύριος κύριος, καὶ ἰδοὺ ἐπιγονὴ ἀκρίδων ἐρχομένη ἑωθινή, καὶ ἰδοὺ βροῦχος εἷς Γὼγ ὁ βασιλεύς.

2 καὶ ἔσται ἐὰν συντελέσῃ τοῦ καταφαγεῖν τὸν χόρτον τῆς γῆς, καὶ εἶπα Κύριε Κύριε, εἵλεως γενοῦ· τίς ἀναστήσει τὸν Ἰακώβ; ὅτι ὀλιγοστός ἐστιν·

3 μετανόησον, Κύριε, ἐπὶ τούτῳ, καὶ τοῦτο οὐκ ἔσται, λέγει Κύριος.

22

14 διότι ἰδοὺ ἐγὼ ἐπεγείρω ἐφ᾽ ὑμᾶς, οἶκος Ἰσραήλ, φησὶ Κυρίος ὁ θεὸς στρατιῶν, ἔθνος, καὶ ἐκθλίψουσι ὑμᾶς τοῦ μὴ εἰσελθεῖν εἰς Αἰμὰθ καὶ ἕως τοῦ χειμάρρου τῶν δυσμῶν.

Chap. vii.

1 Οὕτως ἔδειξέν μοι Κύριος, καὶ ἰδοὺ ἐπιγονὴ ἀκρίδων ἐρχομένη ἑωθινή, καὶ ἰδοὺ βροῦχος εἷς Γὼγ ὁ βασιλεύς.

2 καὶ ἔσται ἐὰν συντελεσθῇ τοῦ φαγεῖν τὸν χόρτον τῆς γῆς, καὶ εἶπον Κύριε Κύριε, ἵλεως γενοῦ· τίς ἀναστήσει τὸν Ἰακώβ; ὅτι ὀλιγοστός ἐστι.

3 μετανόησον, Κύριε, ἐπὶ τούτῳ, καὶ τοῦτο οὐ μὴ γένηται, λέγει Κύριος.

14 τοῦ Ισ.] om τον 49 68 87 91 238 | εθνος] om 87 91 238+φησι κ̄ς̄ ο θ̄ς̄ των δυναμεων 68 87 91 238+λεγει κ̄ς̄ ο θ̄ς̄ των στρατιων 26 49 106 | εκθλιψουσιν] θλιψουσιν 49 | εως] ως 238 εως 238ᵃ | χιμμαρον] χειμαρρον Qᵃ 26 49 68 87 91 106 238

1 Κυριος κυριος] κ̄ς̄ ο θ̄ς̄ 87 238 sem. tant. 26 49 106 | επιγονη ακριδων] επι γονυ ακριδων 106 | βρουχος] βροχος 49 | εις Γωγ] εις Αγωγ 87

2 συντελεση] συντελεσθη 68 238 συντελεσει 106 | καταφαγειν] φαγειν 238 | ειλεως] ιλεως Qᵃ 26 49 68 87 91 106 238

3 ουκ εσται] ου μη γενηται 238 | λεγει] ειπεν 68 87 91

14 διοτι] δια τουτο 36 | επεγειρω] επεγερω 62 147 | Ισραηλ] pr του 62 147 233 | φησι...εθνος] (pr εθνος) λεγει κ̄ς̄ των δυναμεων 48 233 | εκθλιουσι] εκλειψουσιν Cyr. Alex. θλιψ. 62 θλιψουσιν 147 -σιν 36 48 95 153 185 233 | υμας] ημας 62 | Αιμαθ] ημαθ 62 ιμαθ 147 ειμαθ 147ᵃ Αιμαθα 233 | εως] ως 48

1 εδειξεν] -ξε 36 48 62 147 153 233 εδοξε 95 185 | Κυριος]+ο θεος 36 48 233 | βρουχος] pr ο 147 | εις Γωγ] ως Γωγ 51 εις γονην 147 εις Γωγ 153 | ο βασιλευς] om 147

2 συντελεσθη] συντελεση 48 51 95 153 185 233 -σει 62 147 | φαγειν] καταφαγειν 48 153 233 | ειπον] ειπα 48 153 233 ειπων 62 | αναστησει] -ση 147 | εστι] -ν 36 48 51 95 153 185 233

3 ου μη γενηται] ουκ εσται 48 153 233 | λεγει] ειπεν 153

vii 4　　　Q

4 Οὕτως ἔδειξέν μοι Κύριος, καὶ ἰδοὺ ἐκάλεσεν τὴν δίκην ἐν πυρὶ Κύριος, καὶ κατέφαγεν τὴν ἄβυσσον τὴν πολλήν, καὶ κατέφαγε τὴν μερίδα.

5 καὶ εἶπα Κύριε Κύριε, κόπασον δή· τίς ἀναστήσει τὸν Ἰακώβ; ὅτι ὀλιγοστός ἐστιν·

6 μετανόησον, Κύριε, ἐπὶ τούτῳ. Καὶ τοῦτο οὐ μὴ γένηται, λέγει Κύριος κύριος.

7 Οὕτως ἔδειξέν μοι Κύριος, καὶ ἰδοὺ ἑστηκὼς ἐπὶ τίχους ἀδαμαντίνου, καὶ ἐν τῇ χειρὶ αὐτοῦ ἀδάμας.

8 καὶ εἶπεν Κύριος πρὸς μέ Τί σὺ ὁρᾷς, Ἀμώς; καὶ εἶπα Ἀδάμαντα. καὶ εἶπεν Κύριος πρὸς μέ Ἰδοὺ ἐγὼ ἐντάσσω ἀδάμαντα εἰς μέσον τοῦ λαοῦ μου

22

4 Οὕτως ἔδειξέν μοι Κύριος, καὶ ἰδοὺ ἐκάλεσεν τὴν δίκην ἐν πυρὶ Κύριος ὁ θεός, καὶ κατέφαγε τὴν ἄβυσσον τὴν πολλήν, καὶ κατέφαγε τὴν μερίδα.

5 καὶ εἶπον Κύριε Κύριε, κόπασον δή· τίς ἀναστήσει τὸν Ἰακώβ; ὅτι ὀλιγοστός ἐστιν·

6 μετανόησον, Κύριε, ἐπὶ τούτῳ. Καὶ τοῦτο οὐ μὴ γένηται, λέγει Κύριος ὁ Θεός.

7 Οὕτως ἔδειξέν μοι Κύριος, καὶ ἰδοὺ ἀνὴρ ἑστηκὼς ἐπὶ τείχους ἀδαμαντίνου, καὶ ἐν τῇ χειρὶ αὐτοῦ ἀδάμας.

8 καὶ εἶπεν Κύριος πρὸς μέ Τί σὺ ὁρᾷς, Ἀμώς; καὶ εἶπον Ἀδάμαντα. καὶ εἶπεν Κύριος πρὸς μέ Ἰδοὺ ἐγὼ ἐντάσσω ἀδάμαντα ἐν μέσῳ λαοῦ μου

---

4 Κυριος 1°] bis scr. Qᵃ 68 87 91+ο θ̄ς 26 106 238 | εν πυρι] τους πολεμιους superscr. ab al. m. 91 | Κυριος 2°]+ο θ̄ς Qᵐᵍ bis scr. 68 87 91 | κατεφαγεν] κατεφαγε 26 49 68 87 91 106 238 | την μεριδα] +Κυριου 87 (91 του Ισραηλ superscr. ab al. m.)

5 ειπα] ειπον 238 | Κυριε Κυριε] sem. tant. 91 | τον Ιακωβ] τον οικον Ιακωβ 106

6 επι τουτω] επ αυτω 26 επι την τουτω 91 | Κυριος κυριος] sem. tant. 26 49 106 ο θ̄ς 238

7 Κυριος] bis scr. 68 87 91 | ιδου] +ανηρ Qᵐᵍ 26 68 87 91 106 238 | τιχους] τειχους Q* 26 49 68 87 91 106 238

8 ειπα] ειπον 238 Qᵃ | εντασσω] ιστασο 106 | εις μεσον] εν μεσω Qᵃ 68 87 91 106 238 | του λαου] om του 26 68 87 91 106 238

4 εδειξεν] εδειξε 62 147 εδοξε 95 185 | εκαλεσεν] -σε 62 147 | ο θεος] om 48 95 153 185 233 | και κατεφαγε την αβυσσον την πολλην και] om 62 | μεριδα] +Κυριου 48

5 ειπον] ειπα 48 153 233 | Κυριε Κυριε] sem. tant. 48 233 | αναστησει] -ση 62 147 | εστιν] εστι 62 147

6 ο θεος] om 48 233 Κυριος 153

7 εδειξεν] -ξε 22ᵃ 62 147 εδοξε 95 185 | Κυριος] bis scr. 153+ο θεος 62 147 | ανηρ] om 48

8 ειπεν]-πε 62 147 | Τι συ—προς με 2°] om 233 | ειπον] ειπα 48 153 233 | ειπεν 2°] -πε 62 147 | Κυριος 2°]+ο θ̄ς 51 | εν μεσω] εις μεσον 233 | λαου] pr του 147

vii 8   Q   22

'Ισραήλ, οὐκέτι μὴ **προσθήσω** τοῦ παρελθεῖν αὐτόν.

9 καὶ ἀφανισθήσονται βωμοὶ τοῦ γέλωτος, καὶ αἱ τελεταὶ τοῦ 'Ισραὴλ ἐρημωθήσονται, καὶ ἀναστήσομαι ἐπὶ τὸν οἶκον 'Ιεροβοὰμ ἐν ῥομφαίᾳ.

10 καὶ ἐξαπέστειλεν 'Αμασίας ὁ ἱερεὺς Βαιθὴλ πρὸς 'Ιεροβοὰμ βασιλέα 'Ισραὴλ λέγων, συστροφὰς ποιεῖται κατὰ σοῦ 'Αμὼς ἐν μέσῳ οἴκου 'Ισραήλ· οὐ μὴ δύναται ἡ γῆ ὑπενεγκεῖν **ἅπαντας** τοὺς λόγους αὐτοῦ.

11 διότι τάδε λέγει 'Αμώς, ἐν ῥομφαίᾳ τελευτήσει 'Ιεροβοάμ, ὁ δὲ 'Ισραὴλ αἰχμάλωτος ἀχθήσεται ἀπὸ τῆς γῆς αὐτοῦ.

12 καὶ εἶπεν 'Αμασίας πρὸς 'Αμὼς ὁ ὁρῶν, βάδιζε, ἐκχώρησον εἰς γῆν 'Ιούδα, καὶ ἐκεῖ καταβίου, καὶ ἐκεῖ προφητεύσεις·

'Ισραήλ, οὐκέτι μὴ **προσθῶ** τοῦ παρελθεῖν αὐτόν.

9 καὶ ἀφανισθήσονται οἱ βωμοὶ τοῦ γέλωτος, καὶ αἱ τελεταὶ τοῦ 'Ισραὴλ ἐρημωθήσονται, καὶ ἀναστήσομαι ἐπὶ τὸν οἶκον 'Ιεροβοὰμ ἐν ῥομφαίᾳ.

10 καὶ ἐξαπέστειλεν 'Αμασίας ὁ ἱερεὺς Βαιθὴλ πρὸς 'Ιεροβοὰμ βασιλέα 'Ισραὴλ λέγων, συστροφὰς ποιεῖται κατὰ σοῦ 'Αμὼς ἐν μέσῳ οἴκου 'Ισραήλ· οὐ μὴ δύναται ἡ γῆ ὑπενεγκεῖν **πάντας** τοὺς λόγους αὐτοῦ.

11 διότι τάδε λέγει 'Αμώς, ἐν ῥομφαίᾳ τελευτήσει 'Ιεροβοάμ, ὁ δὲ 'Ισραὴλ αἰχμάλωτος ἀχθήσεται ἀπὸ τῆς γῆς αὐτοῦ.

12 καὶ εἶπεν 'Αμασίας πρὸς 'Αμὼς ὁ ὁρῶν, βάδιζε συ, ἐκχώρησον εἰς γῆν 'Ιούδα, καὶ ἐκεῖ καταβίου, καὶ ἐκεῖ προφητεύσεις.

---

8 μη προσθησω] μη προσθω Qᵃ 68 87 91 106 238 ου μη προσθησω 26 | αυτον] αυτο 68

9 ερημωθησονται] εξερ. 106

10 Βαιθηλ] Βεθηλ 26 | απαντας] παντας Qᵃ 26 68 87 91 238

12 εκχωρησον]+συ 68 87 91 (238 tr.) | και εκει καταβιου] om 91 | προφητευσεις] προφητευσης 26

8 προσθω] προσθησω 36

9 οι] om 48 153 233

10 εξαπεστειλεν] -λε 147 | Αμασιας] Αμεσιας 62 Μεσιας 147 Αμασειας 153 | Βαιθηλ] Βεθηλ (pr εις 62 147) 185 Βαιθηλ 185ᵃ | υπενεγκειν] υπερενεγκειν 62 επενεγκειν 147 | παντας] απαντας 233

11 λεγει] + Κυριος (sic) 95 185 | τελευτησει] -ση 147 | αχθησεται]+ληφθησεται 153

12 Αμασιας] Αμεσιας 62 147 Αμεσειας 153 | συ] om 36 48 62 95 147 153 185 233 | εκχωρησον]+συ 36 51 233 εκχωρισον 95 185 | και εκει καταβιου] om 153 hab 153ᵐˢ

vii 13　　　Q

13 εἰς δὲ **Βεθὴλ** οὐκέτι **μὴ προσθῇς** τοῦ προφητεῦσαι, ὅτι ἁγίασμα βασιλέως ἐστίν, καὶ οἶκος βασιλείας ἐστίν.

14 καὶ ἀπεκρίθη Ἀμὼς καὶ εἶπεν πρὸς Ἀμασίαν οὐκ ἤμην προφήτης ἐγὼ οὐδὲ υἱὸς προφήτου, **ἀλλ᾽ ἢ** αἰπόλος ἤμην **κνίζων συκάμινα.**

15 καὶ ἀνέλαβέν με Κύριος ἐκ τῶν προβάτων, καὶ εἶπεν Κύριος πρὸς μέ Βάδιζε, προφήτευσον· ἐπὶ τὸν λαόν μου Ἰσραήλ.

16 καὶ νῦν ἄκουε λόγον Κυρίου Σὺ λέγεις Μὴ προφήτευε ἐπὶ τὸν Ἰσραήλ, καὶ **οὐ μὴ ὀχλαγωγήσῃς** ἐπὶ τὸν οἶκον Ἰακώβ·

22

13 εἰς δὲ **Βαιθὴλ** οὐκέτι **προσθήσεις** τοῦ προφητεῦσαι, ὅτι ἁγίασμα βασιλέως ἐστίν, καὶ οἶκος βασιλείας ἐστίν.

14 καὶ ἀπεκρίθη Ἀμὼς καὶ εἶπεν πρὸς Ἀμασίαν Οὐκ ἤμην προφήτης ἐγὼ οὐδὲ υἱὸς προφήτου **εἰμὶ ἐγώ, ἀλλὰ** αἰπόλος ἤμην **καὶ συκάμινα κνίζων.**

15 καὶ ἀνέλαβέν με Κύριος ἐκ τῶν προβάτων, καὶ εἶπεν Κύριος πρὸς μέ Βάδιζε, **καὶ** προφήτευσον ἐπὶ τὸν λαόν μου Ἰσραήλ.

16 καὶ νῦν ἄκουε λόγον Κυρίου Σὺ λέγεις Μὴ προφήτευε ἐπὶ τὸν Ἰσραήλ, καὶ **μὴ ὀχλαγώγει** ἐπὶ τὸν οἶκον Ἰακώβ·

13 Βεθηλ] Βαιθηλ 49 68 87 91 106 238 | ουκετι μη προσθης του προφητευσαι] ουκ ετι ου μη προφητευσεις 26 | μη προσθης] προσθησεις Qᵐᵍ 26 68 87 91 238 | βασιλειας] βασιλεως 49

14 ουκ ημην] ουκ ειμι 26 | εγω] om 26 | προφητου]+ειμι εγω 238 | αλλ η αιπολος] αλλα αιπολος 68 91 238 | κνιζων] pr και 26 49 68 87 91 238 | κνιζων συκαμινα] tr. 238

15 με 1°] om 106 | μου] σου 26 | Ισραηλ] pr τον 26 49 106

16 και νυν ακουε...Ισραηλ] και νυν ση Αμασια ακουσον τον λογον Κυριου ση ερησον μη προφυτεσθης επη Ισραηλ 106ᵐᵍ | ου μη] om ου 238 | οχλαγωγησης] -σεις 26 οχλαγωγει 238

13 δε] om 62 | Βαιθηλ] Βεθηλ 62 147 | ουκετι] ουκ ετι μη 62 233 | προσθησεις] προσθης 62 233 προσθεις 147 | εστιν 1° 2°] εστι 22ᵃ 62 147 | βασιλειας εστιν] tr. 62 147

14 ειπεν] ειπε 147 | Αμασιαν] Αμεσιαν 62 147 Αμασεαν 153 | ουκ ημην—αιπολος ημην] ουτε προφητης ημην, ουτε προφητου υιος, ημην δε αιπολος εγω 95 185 | εγω 1°] om 130 | ουδε υιος προφητου] om 62 | ειμι εγω] om 36 48 62 95 153 185 233 | αλλα] αλλ η 36 48 233 αλλ 62 147 | και] om 62 147 | συκαμινα κνιζων] tr. 48 153 233 |

15 ανελαβεν] -αν 62 -ε 22ᵃ 147 | με] μαι 62 | ειπεν] -πε 22ᵃ 62 147 | Κυριος 2°] om 62 147 | και προφητευσον] οιη και 36 48 51 95 153 185 233 | Ισραηλ] pr τον 36

16 Μη] μοι 147 | Ισραηλ] pr οικον 147 153 | μη 2°] pr ου 48 95 153 185 233 | οχλαγωγει] οχλαγωγησεις 48 95 153 185 233

vii 17 Q

17 διὰ τοῦτο τάδε λέγει Κύριος, ἡ γυνή σου ἐν σχοινίῳ καταμετρηθήσεται, καὶ ἐν γῇ ἀκαθάρτῳ τελευτήσεις, ὁ δὲ Ἰσραὴλ αἰχμάλωτος ἀχθήσεται ἀπὸ τῆς γῆς αὐτοῦ.

22

17 διὰ τοῦτο τάδε λέγει Κύριος, ἡ γυνή σου ἐν τῇ πόλει πορνεύσει, καὶ οἱ υἱοί σου καὶ αἱ θυγατέρες σου ἐν ῥομφαίᾳ πεσοῦνται, καὶ ἡ γῆ σου ἐν σχοινίῳ καταμετρηθήσεται, καὶ σὺ ἐν γῇ ἀκαθάρτῳ τελευτήσεις, ὁ δε Ἰσραὴλ αἰχμάλωτος ἀχθήσεται ἀπὸ τῆς γῆς αὐτοῦ.

Chap. viii.

1 Οὕτως ἔδειξέ μοι Κύριος, καὶ ἰδοὺ ἄγγος ἰξευτοῦ· καὶ εἶπεν Τί σὺ βλέπεις, Ἀμώς; καὶ εἶπα Ἄγγος ἰξευτοῦ.

2 καὶ εἶπεν Κύριος πρὸς μέ, ἥκει τὸ πέρας ἐπὶ τὸν λαόν μου Ἰσραήλ, οὐκέτι μὴ προσθῶ τοῦ παρελθεῖν αὐτόν.

Chap. viii.

1 Οὕτως ἔδειξέν μοι Κύριος, καὶ ἰδοὺ ἄγγος ἰξευτοῦ· καὶ εἶπεν Κύριος πρὸς μέ Τί σὺ βλέπεις, Ἀμώς; καὶ εἶπον Ἄγγος ἰξευτοῦ.

2 καὶ εἶπεν Κύριος πρὸς μέ, ἥκει τὸ πέρας ἐπὶ τὸν λαόν μου Ἰσραήλ, οὐκέτι μὴ προσθῶ τοῦ παρελθεῖν αὐτόν.

---

17 η γυνη σου]+εν τη πολει πορνευσει οι υιοι (η γυνη 26) σου και αι θυγατερες σου εν ρομφαια πεσουνται και η γη σου Q^mg 26 49 68 87 91 106 238 | εν σχοινιω] om εν 68 91 | και εν γη] και συ εν γη Q^a 26 49 68 87 91 106 238

1 εδειξε] εδειξεν 26 49 68 87 91 106 238 | Κυριος] bis scr. 68 87 91 | βλεπεις] ορας 26 (οραις 49) 106 | ειπα] ειπον 238

2 με] μοι 91 | ουκετι μη προσθω] om μη Q^a ουκετι μη προσθησω 198 ου προσθησω ετι 68 87 91

17 πορνευσει] -ση 62 147 | πεσουνται] πεσαινται 62 | καταμετρηθησεται] -μεταθησεται 62 | και συ εν γη] και εσυ εν γη 147 | τελευτησεις] -σης 147 | αχθησεται] ληφθησεται 153

1 εδειξε] -εν 22^a 62 147 | ουτως εδειξεν μοι] εδειξε γαρ μοι φησι 95 185 | Κυριος 1°]+κς 48 233 | αγγος] αγγελλος 62 185^mg αγγος 185 | ιξευτου· και ειπεν...Αγγος ιξευτου] om 62 | κυριος προς με] om 48 153 233 μοι Κυριος 147 | συ] σοι 147 | βλεπεις] ορας 153 | ειπον] ειπα 48 95 153 185 233 | Αγγος] ΝΓ sup. scr. 22

2 ειπεν] ειπε 22^a 147 ειπον 36 51 95 185 | τον λαον μου] τον οικον 62 147 153 233 | ουκετι μη προσθω] και ουκετι ου μη προσθω 36 ου προσθησω ετι 48 153

viii 3　　　　Q

3 καὶ ὀλολύξει φατνώματα τοῦ ναοῦ ἐν τῇ ἡμέρᾳ ἐκείνῃ, λέγει Κύριος· πολὺς ὁ πεπτωκὼς ἐν παντὶ τόπῳ, ἐπιρίψω σιωπήν.

4 ἀκούσατε δὴ ταῦτα οἱ ἐκτρίβοντες εἰς τὸ πρωὶ πένητα, καὶ καταδυναστεύοντες πτωχοὺς ἀπὸ τῆς γῆς,

5 οἱ λέγοντες πότε διελεύσεται ὁ μὴν καὶ ἐμπλήσομεν, καὶ τὰ σάββατα καὶ ἀνοίξομεν θησαυροὺς τοῦ ποιῆσαι μέτρον μικρόν, καὶ τοῦ μεγαλῦναι σταθμεία καὶ ποιῆσαι ζυγὸν ἄδικον,

6 τοῦ κτᾶσθαι ἐν ἀργυρίῳ πτωχοὺς καὶ ταπεινὸν ἀντὶ ὑποδημάτων, καὶ ἀπὸ παντὸς γενήματος ἐμπορευσόμεθα;

22

3 καὶ ὀλολύξει τὰ φατνώματα τοῦ ναοῦ ἐν ἐκείνῃ τῇ ἡμέρᾳ, λέγει Κύριος· πολὺς ὁ πεπτωκὼς ἐν παντὶ τόπῳ, ἐπερρίψω σιωπήν.

4 ἀκούσατε δὴ ταῦτα οἱ ἐκθλίβοντες εἰς τὸ πρωὶ πένητα, καὶ καταδυναστεύοντες πτωχὸν ἀπὸ τῆς γῆς,

5 λέγοντες πότε διελεύσεται ὁ μὴν καὶ ἐμπολήσομεν, καὶ πότε ἥξει τὰ σάββατα καὶ ἀνοίξομεν θησαυροὺς τοῦ ποιῆσαι μικρὸν τὸ μέτρον, καὶ τοῦ μεγαλῦναι στάθμιον καὶ ποιῆσαι ζυγὸν ἄδικον,

6 τοῦ κτᾶσθαι ἐν ἀργυρίῳ πτωχοὺς καὶ ταπεινὸν ἀνθ᾽ ὑποδημάτων, καὶ ἀπὸ πάσης πράσεως ἐμπορευσόμεθα;

3 φατνωματα] pr τα 26 49 68 87 91 106 238 | εν τη ημερα εκεινη] εν εκεινη τη ημερα 26 49 68 87 91 106 238 | Κυριος] bis scr. Qᵃ 49 68 87 91 | επιριψω] επιρριψω 26 49 68 87 91 106 238

4 εκτριβοντες] θλιβοντες 238 | πτωχους] πτωχον 238

5 οι] om 68 87 91 | εμπλησομεν] εμπολησομεν Qᵃ 26 49 68 87 91 106 238 | και τα σαββατα] και ποτε ηξει τα σαββατα 238 | ανοιξομεν] -ωμεν 26 | θησαυρους] θησαυρον Qᵐᵍ 26 68 87 91 | μετρον μικρον] μικρον μετρον 26 49 68 87 91 106 μικρον το μετρον 238 | του μεγ.] om του 26 49 | σταθμεια] σταθμιον Qᵃ 68 87 91 238 σταθμια 26 49 106

6 πτωχους] pr και 87 | ταπεινον] πενητα Qᵐᵍ | αντι] ανθ Qᵃ | παντος γενηματος] πασης πραξεως Qᵐᵍ 68 87 91 238 | εμπορευσομεθα] -σομεθα 26

3 Κυριος] bis scr. 48 | εν 2ᵒ] επι 153

4 εκθλιβοντες] εκτριβοντες 48 51 153 233 | πτωχον] πτωχους 48 153 233 | απο] επι 185

5 λεγοντες] pr οι 36 51 62 95 185 233 | εμπολησομεν] εμπολησωμεν 147 | ποτε ηξει] om 48 (τοτε η. 51) 153 233 | ανοιξομεν] -ωμεν 62 147 233 | θησαυρους] -ον 48 | μικρον το μετρον] om το et tr. 48 153 233 | μετρον] μητρον 147 | του] om 95 185 233 | ποιησαι] ποιησω 36

6 του] pr και 153 | πτωχους] pr και 48 | ανθ] αντι 36 etc.—233 | πασης πρασεως] πασης πραξεως 62 147 153 παντος γενηματος 48 233 | εμπορευσομεθα] -σομεθα 62

viii 7 Q

7 ὀμνύει Κύριος καθ᾽ ὑπερηφανείας Ἰακώβ Εἰ ἐπιλησθήσεται εἰς νῖκος πάντα τὰ ἔργα ὑμῶν,

8 καὶ ἐπὶ τούτοις οὐ ταραχθήσεται ἡ γῆ, καὶ πενθήσει πᾶς ὁ κατοικῶν ἐν αὐτῇ, ἀναβήσεται ὡς ποταμὸς συντέλεια, καὶ καταβήσεται ὡς ποταμὸς Αἰγύπτου.

9 καὶ ἔσται ἐν ἐκείνῃ τῇ ἡμέρᾳ, λέγει Κύριος ὁ θεός, καὶ δύσεται ὁ ἥλιος μεσημβρίας, καὶ συσκοτάσει ἐπὶ τῆς γῆς ἐν ἡμέρᾳ τὸ φῶς·

10 καὶ μεταστρέψω τὰς ἑορτὰς ὑμῶν εἰς πένθος, καὶ πάσας τὰς ᾠδὰς ὑμῶν εἰς θρῆνον, καὶ ἀναβιβῶ ἐπὶ πᾶσαν ὀσφὺν σάκκον, καὶ ἐπὶ πᾶσαν κεφαλὴν φαλάκρωμα, καὶ θήσομαι αὐτὸν ὡς πένθος ἀγαπητοῦ, καὶ τοὺς μετ᾽ αὐτοῦ ὡς ἡμέραν ὀδύνης.

22

7 ὀμνύει Κύριος καθ᾽ ὑπερηφανείας Ἰακώβ Εἰ ἐπιλησθήσεται εἰς νεῖκος πάντα τὰ ἔργα ὑμῶν,

8 καὶ ἐπὶ τούτοις οὐ ταραχθήσεται ἡ γῆ, καὶ πενθήσει πᾶς ὁ κατοικῶν ἐν αὐτῇ, καὶ ἀναβήσεται ὡς ποταμὸς συντέλεια αὐτῆς, καὶ καταβήσεται ὡς ποταμὸς Αἰγύπτου.

9 καὶ ἔσται ἐν ἐκείνῃ τῇ ἡμέρᾳ, λέγει Κύριος, δύσεται ὁ ἥλιος μεσημβρίας, καὶ συσκοτάσει ἐπὶ τῆς γῆς ἐν ἡμέρᾳ φωτός·

10 καὶ μεταστρέψω τὰς ἑορτὰς ὑμῶν εἰς πένθος, καὶ πάσας τὰς ᾠδὰς ὑμῶν εἰς θρῆνον, καὶ ἀναβιβῶ ἐπὶ πᾶσαν ὀσφὺν σάκκον, καὶ ἐπὶ πᾶσαν κεφαλὴν φαλάκρωμα, καὶ θήσομαι αὐτὸν ὡς πένθος ἀγαπητοῦ, καὶ τοὺς μετ᾽ αὐτοῦ ὡς ἡμέραν ὀδύνης.

7 καθ᾽ υπερηφανειας] κατα της υπερηφανιας 68 91 | επιλησθησεται] επιλησεται 91ᵃ | νικος] νεικος 106 238
8 αναβησεται ως ποταμος συντελεια] om 106 | συντελεια]+αυτης 68 238
9 Κυριος ο θεος] Κυριος Κυριος 68 87 91 Κυριος 238 | το φως] του φωτος 238
10 τας ωδας] om τας 68 | θρηνον] θρηνος 68 | οσφυν] ισχυν 106 | θησομαι αυτον] θησομαι αυτην Qᵃ θησωμαι αυτην 26 superscr. τον Ιακωβ 91 | αυτου] αυτον 26 | ημεραν] εν ημερα 106

7 καθ᾽ υπερηφανειας] κατα της υπερηφανιας 48 95 185 | επιλησθησεται] επιλισθησεται 62 147 επιλησ. 147ᵃ επιλησθησεται 153 | νεικος] νικος 48 62 95 147 153 185 233
8 πενθησει] ·ση 147 -σει 147ᵃ | ως ποταμος 1°—ως ποταμος 2°] om 153 | αυτης] om 48 95 153 185 233 | Αιγυπτου] Αιγυπτιου 153
9 Κυριος] bis scr. 48+ο θ̄ς 36 153 233 | επι της γης] om 233 | φωτος] το φως 22ᵃ 36 48 51 95 153 185 233
10 υμων 1° 2°] ημων 153 | αυτον] αυτην 62 147 | ως πενθος] εις πενθος 153 | αγαπητου] -τον 153

viii 11   Q   22

11 ἰδοὺ ἡμέραι ἔρχονται, λέγει Κύριος, καὶ ἐξαποστελῶ λιμὸν ἐπὶ τὴν γῆν, οὐ λιμὸν ἄρτου οὐδὲ δίψαν ὕδατος, ἀλλὰ λιμὸν τοῦ ἀκοῦσαι λόγον Κυρίου·

12 καὶ συναχθήσονται ὕδατα ἕως θαλάσσης, καὶ ἀπὸ βορρᾶ ἕως ἀνατολῶν περιδραμοῦνται ζητοῦντες τὸν λόγον Κυρίου καὶ οὐ μὴ εὕρωσιν.

13 ἐν τῇ ἡμέρᾳ ἐκείνῃ ἐκλείψουσιν αἱ παρθένοι αἱ καλαὶ καὶ οἱ νεανίσκοι ἐν δίψει,

14 οἱ ὀμνύοντες κατὰ τοῦ ἱλασμοῦ Σαμαρείας, καὶ οἱ λέγοντες Ζῆ ὁ θεός σου, δάν, καὶ ζῆ ὁ θεός σου, βηρσάβεε, καὶ πεσοῦνται καὶ οὐ μὴ ἀναστῶσιν ἔτι.

11 ἰδοὺ ἡμέραι ἔρχονται, λέγει Κύριος, καὶ ἐξαποστελῶ λιμὸν ἐπὶ τὴν γῆν, οὐ λιμὸν ἄρτων οὐδὲ δίψαν ὕδατος, ἀλλ' ἡ λιμὸν τοῦ ἀκοῦσαι λόγον Κυρίου·

12 καὶ σαλευθήσεται ὕδατα ἀπὸ θαλάσσης ἕως θαλάσσης, καὶ ἀπὸ βορρᾶ ἕως ἀνατολῶν περιδραμοῦνται ζητοῦντες τὸν λόγον Κυρίου καὶ οὐ μὴ εὕρωσιν.

13 ἐν τῇ ἡμέρᾳ ἐκείνῃ ἐκλείψουσιν αἱ παρθένοι αἱ καλαὶ καὶ οἱ νεανίσκοι ἐν δίψει,

14 οἱ ὀμνύοντες κατὰ τοῦ ἱλασμοῦ Σαμαρείας, καὶ λέγοντες Ζῆ ὁ Θεός σου, Δάν, καὶ ζῆ ὁ Θεός σου, βηρσάβεε, καὶ πεσοῦνται καὶ οὐ μὴ ἀνασ·ῶσιν ἔτι.

---

11 Κυριος] bis scr. Qᵃ 68 87 91 | την γην] της γης 26 68 87 | αρτου] αρτων Qᵃ 91 238 | διψαν] οι ο' διψος α' θ' διψαν Qᵐᵍ λιμον 68 | αλλα] αλλ η Qᵃ 91 238

12 συναχθησονται] σαλευθησονται Qᵐᵍ 68 87 91 σαλευθησεται 26 49 106 238 | εως] απο Qᵐᵍ της 68 om 26 49 87 106 238 | θαλασσης] om 26 49 106

13 αι καλαι] pr εκειναι 68

14 οι λεγ.] om οι 238 | ο θ̅ς 1°]+ Κυριος 26 49 106

11 Κυριος] bis scr. 153 | αρτων] αρτου 36 51ᵃ (51 αρτων) 62 147 153 | αλλ η] αλλα 48 62 95 147 185 233

12 σαλευθησεται] σαλευθησονται 48 153 233 συναχθησονται 36 51 | θαλασσης 1°] pr της 48 51 | εως θαλασσης] om 36 48 51 95 153 185 233 | ανατολων] δυσμων 233

13 εκλειψουσιν] εκληψουσιν 147 -λειψ- 147ᵃ | οι] om 62

14 οι] om 62 147 | και 1°] om 233 | λεγοντες] pr οι 48 153 233 | σου 1°] om 62 95 147 185 | βηρσαβεε] βηρσαβεα 162 | αναστωσιν] αναστησουσιν 62 147 ανιστωσιν 95 185

Chap. ix. 1   Q

1 Εἶδον τὸν Κύριον ἐφεστῶτα ἐπὶ τοῦ θυσιαστηρίου, καὶ εἶπεν πάταξον ἐπὶ τὸ θυσιαστήριον καὶ σισθήσεται τὰ πρόπυλα, καὶ διάκοψον εἰς κεφαλὰς πάντων· καὶ τοὺς καταλοίπους αὐτῶν ἐν ῥομφαίᾳ ἀποκτενῶ, οὐ μὴ διαφύγῃ ἐξ αὐτῶν φεύγων, οὐ μη διασωθῇ ἐξ αὐτῶν ἀνασωζόμενος.

2 ἐὰν κατορυγῶσιν εἰς ᾅδου, ἐκεῖθεν ἡ χείρ μου ἀνασπάσει αὐτούς· καὶ ἐὰν ἀναβῶσιν εἰς τὸν οὐρανόν, ἐκεῖθεν κατάξω αὐτούς·
3 ἐὰν ἐνκρυβῶσιν εἰς τὴν κορυφὴν τοῦ καρμήλου, ἐκεῖθεν ἐξεραυνήσω καὶ λήψομαι αὐτούς· καὶ ἐὰν καταδύσωσιν ἐξ ὀφθαλμῶν μου εἰς τὰ βάθη τῆς θαλάσσης, ἐκεῖ ἐντελοῦμαι τῷ δράκοντι καὶ δήξεται αὐτούς.

Chap. ix.   22

1 Εἶδον τὸν Κύριον ἐφεστῶτα ἐπὶ τοῦ θυσιαστηρίου, καὶ εἶπεν πάταξον ἐπὶ τὸ ἱλαστήριον καὶ σεισθήσεται τὰ προπύλαια, καὶ διάκοψον εἰς κεφαλὰς πάντων· καὶ τοὺς καταλοίπους αὐτῶν ἐν ῥομφαίᾳ ἀποκτενῶ, οὐ μὴ διαφύγῃ ἐξ αὐτῶν φεύγων, καὶ οὐ μὴ διασωθῇ ἐξ αὐτῶν ἀνασωζόμενος.

2 ἐὰν κατορυγῶσιν εἰς ᾅδου, ἐκεῖθεν ἡ χείρ μου ἀνασπάσει αὐτούς· καὶ ἐὰν ἀναβῶσιν εἰς τὸν οὐρανόν, ἐκεῖθεν κατάξω αὐτούς·
3 καὶ ἐὰν κατακρυβῶσιν εἰς τὴν κορυφὴν τοῦ Καρμήλου, ἐκεῖθεν ἐξερευνήσω καὶ λήψονται αὐτούς· καὶ ἐὰν καταδύσωσιν ἐξ ὀφθαλμῶν μου εἰς τὰ βάθη τῆς θαλάσσης, ἐκεῖ ἐντελοῦμαι τῷ δράκοντι καὶ δήξεται αὐτούς.

1 του θυσιαστηριου] το θυσιαστηριον 26 | θυσιαστηριον] ιλαστηριον Q^{mg} 26 68 87 91 238 | σισθησεται] σεισθησεται Q^{a mg} 26 49 68 87 91 106 238 | προπυλα] προπυλαια 91 | ου μη 2°] ουδε μη 26 49 106 198 pr και Q^{a} 68 87 91 238
2 κατορυγωσιν] κατωρυγωσιν 26 | ανασπασει] αναπαυσει 68
3 εαν ενκρυβωσιν] εαν εγκρυβωσιν Q^{a} 26 49 εαν κατακρυβωσιν 68 87 91 εαν κρυβωσι 106 και εαν κατακρυβωσιν 238 | εκειθεν] εκει 106 | εξεραυνησω] εξερευνησω Q^{a} | ληψομαι] λημψομαι 49 68 87 91 106 238 ληψωμαι 26 | καταδυσωσιν] καταδησωσιν 106

1 του θυσιαστηριου] τω θυσιαστηριω 62 147 | ιλαστηριον] θυσιαστηριον 147 233 | τα προπυλαια] τα προπυλα 22^{a} 36 48 51 95 147 185 233 om τα 233 | και ου μη διασωθη] και ου μη σωθη 95 185 ουδε μη διασωθη 233 | ανασωζομενος] ανασωμενος 147 ανασωζομενος 147^{a}
2 κατορυγωσιν] κατακρυβωσιν 48 95 185 233 | ανασπασει] αναστησει Cyr. Alex. | και εαν—καταξω αυτους] om 147 153
3 και εαν κατακρυβωσιν] om και 147 153 εαν εγκατακρυβ. 48 95 185 εαν εγκρυβωσιν 233 | εκειθεν] εκει 62 147 | ληψονται] ληψομαι 62 147 λημψομαι 36 48 51 95 153 185 233 | και εαν 2°] om και 153 | δηξεται] διωξεται 147

ix 4   Q   22

4 καὶ ἐὰν πορευθῶσιν ἐν αἰχμαλωσίᾳ πρὸ προσώπου τῶν ἐχθρῶν αὐτῶν, ἐκεῖ ἐντελοῦμαι τῇ ῥομφαίᾳ καὶ ἀποκτενεῖ αὐτούς· καὶ στηριῶ τοὺς ὀφθαλμούς μου ἐπ' αὐτοὺς εἰς κακὰ καὶ οὐκ εἰς ἀγαθά.

5 καὶ Κύριος Κύριος ὁ Θεὸς ὁ παντοκράτωρ, ὁ ἐφαπτόμενος τῆς γῆς καὶ σαλεύων αὐτήν, καὶ πενθήσουσιν πάντες οἱ κατοικοῦντες αὐτήν, καὶ ἀναβήσεται ὡς ποταμὸς συντέλεια αὐτῆς, καὶ καταβήσεται ὡς ποταμὸς Αἰγύπτου·

6 ὁ οἰκοδομῶν εἰς τὸν οὐρανὸν ἀνάβασιν αὐτοῦ, καὶ τὴν ἐπαγγελείαν αὐτοῦ ἐπὶ τῆς γῆς θεμελιῶν, ὁ προσκαλούμενος τὸ ὕδωρ τῆς θαλάσσης καὶ ἐκχέων αὐτὸ ἐπὶ προσώπου τῆς γῆς, Κύριος ὁ Θεὸς ὁ παντοκράτωρ ὄνομα αὐτῷ.

4 καὶ ἐὰν πορευθῶσιν ἐν αἰχμαλωσίᾳ πρὸ προσώπου τῶν ἐχθρῶν αὐτῶν, ἐκεῖ ἐντελοῦμαι τῇ ῥομφαίᾳ καὶ ἀποκτενῶ αὐτούς· καὶ στηριῶ τοὺς ὀφθαλμούς μου εἰς κακὰ καὶ οὐκ εἰς ἀγαθά.

5 καὶ Κύριος ὁ Θεὸς ὁ παντοκράτωρ, ὁ ἐφαπτόμενος τῆς γῆς καὶ σαλεύων αὐτήν, καὶ πενθήσουσι πάντες οἱ κατοικοῦντες αὐτήν, καὶ ἀναβήσεται ὡς ποταμὸς συντέλεια αὐτῆς, καὶ καταβήσεται ὡς ποταμὸς Αἰγύπτου·

6 ὁ οἰκοδομῶν εἰς τὸν οὐρανὸν τὴν ἐπίβασιν αὐτοῦ, καὶ τὴν ἐπαγγελείαν αὐτοῦ ἐπὶ τῆς γῆς θεμελιῶν, ὁ προσκαλούμενος τὸ ὕδωρ τῆς θαλάσσης καὶ ἐκχέων αὐτὸ ἐπὶ προσώπου τῆς γῆς· Κύριος ὁ Θεὸς ὁ παντοκράτωρ ὄνομα αὐτῷ.

---

4 εκει] pr και 87 | τους οφθαλμους] το προσωπον 26 106 | επ αυτους] om 238

5 Κυριος Κυριος] sem. tant. 68 87 91 238 | ο παντοκρατωρ] om 91 | ο εφαπτομενος] om 106 | αυτην 1°] την γην 49 | συντελεια] pr η 49

6 αναβασιν] pr την Q^mg 68 87 91 την επιβασιν 238 | επαγγελειαν] επαγγελιαν 26 49 68 87 91 106 238 | της γης 1°] om της 26 106 | εκχεων] κατεχεων 26 | προσωπου] προσωπον 68 87 91 | κ̄σ ο θ̄σ ο παντ.] κ̄σ παντ. 49 68 87 91

4 και 1°] om 51 | εκει] εκειθεν 62 147 και 153 | αποκτενω] 22*ut vid αποκτενει (τ sup. lin. scr.) 22ᵃ 62ᵃ (αποκτενω 62) 36 48 51 95 147 153 185 233 | μου]+επ αυτους 36 48 51 62 147 153 233 | κακα] pr τα 185

5 και 1°] om 51 | κυριος] bis scr. 48 51 95 185 233 | ο εφαπ.] om ο 153 | της γης] την γην 147 | πενθησουσι] -σιν 36 48 51 95 153 185 233 | συτελεια] 22* ? 22 pr η 36

6 την 1°] om 36 48 233 | επιβασαν] αναβασιν 36 etc.—233 | επι της γης] om της 62 233 | αυτο] αυτω 62 | προσωπου] -ον 48 etc.—233 | κ̄σ ο θ̄σ ο παντ.] Κυριος Παντοκρατωρ 48 95 185 κ̄σ ο θ̄σ παντ. 147

ix 7   Q   22

7 οὐχ ὡς υἱοὶ Αἰθιόπων ὑμεῖς ἐστε ἐμοί, υἱοὶ Ἰσραὴλ; λέγει Κύριος· οὐ τὸν Ἰσραὴλ ἀνήγαγον ἐκ γῆς Αἰγύπτου, καὶ τοὺς ἀλλοφύλους ἐκ Καππαδοκίας, καὶ τοὺς Σύρους ἐκ βόθρου;

8 ἰδοὺ οἱ ὀφθαλμοὶ Κυρίου τοῦ θεοῦ ἐπὶ τὴν βασιλείαν τῶν ἁμαρτωλῶν, καὶ ἐξαρῶ αὐτὴν ἀπὸ προσώπου τῆς γῆς· πλὴν ὅτι οὐκ εἰς τέλος ἐξαρῶ τὸν οἶκον Ἰακώβ, λέγει Κύριος.

9 διότι ἰδοὺ ἐγὼ ἐντέλλομαι, καὶ λικμιῶ ἐν πᾶσιν τοῖς ἔθνεσιν τὸν οἶκον Ἰσραὴλ ὃν τρόπον λικμῶ ἐν τῷ λικμῷ, καὶ οὐ μὴ πέσῃ σύντριμμα ἐπὶ τὴν γῆν·

10 ἐν ῥομφαίᾳ τελευτήσουσιν πάντες ἁμαρτωλοὶ λαοῦ μου, οἱ λέγοντες οὐ μὴ ἐγγίσῃ οὐδ᾽ οὐ μὴ γένηται ἐφ᾽ ἡμᾶς τὰ κακά.

7 οὐχ ὡς υἱοὶ Αἰθιόπων ὑμεῖς ἐστέ μοι, υἱοὶ Ἰσραήλ; λέγει Κύριος· οὐ τὸν Ἰσραὴλ ἀνήγαγον ἐκ τῆς Αἰγύπτου, καὶ τοὺς ἀλλοφύλους ἐκ Καππαδοκίας, καὶ τοὺς Σύρους ἐκ βόθρου;

8 ἰδοὺ οἱ ὀφθαλμοὶ Κυρίου τοῦ Θεοῦ ἐπὶ τὴν βασιλείαν τὴν ἁμαρτωλόν, καὶ ἐξαρῶ αὐτὴν ἀπὸ προσώπου τῆς γῆς· πλὴν ὅτι εἰς τέλος οὐ μὴ ἐξαρῶ τὸν οἶκον Ἰακώβ, λέγει Κύριος.

9 διότι ἰδοὺ ἐγὼ ἐντέλλομαι, καὶ λικμήσω τὸν οἶκον Ἰσραὴλ ἐν πᾶσι τοῖς ἔθνεσιν ὃν τρόπον λικμᾶται ἐν τῷ λικμῷ, καὶ οὐ μὴ πέσῃ σύντριμμα ἐπὶ τὴν γῆν·

10 ἐν ῥομφαίᾳ τελευτήσουσι πάντες ἁμαρτωλοὶ τοῦ λαοῦ μου, οἱ λέγοντες οὐ μὴ ἐγγίσῃ οὐδὲ μὴ ἔλθῃ ἐφ᾽ ἡμᾶς τὰ κακά.

---

7 εμοι] εμου 26 49 68 87 91 106 μοι 238 | υιοι Ισραηλ] pr οι 26 om υιοι 68

8 του θεου] om 106 | των αμαρτωλων] την αμαρτωλον 238 | εξαρω αυτην απο προσωπου της γης· πλην οτι ουκ εις τελος] om 68 | ουκ εις τελος] εις τελος ου μη 238 | Ιακωβ] Ισραηλ 26 49 106

9 ιδου] om 91 | λικμιω] λικμησω Qᵃ 68 87 91 238 λικμω 49 | πασιν] πασι 26 49 68 87 91 106 238 | εν πασι(ν) τοις εθνεσιν] ponit post Ισραηλ 238 om εν 68 om τοις εθνεσιν 87 91 | λικμω 1°] λικμαται 26 49 68 87 91 106 238 | εν τω λικμω] εν τω λικμιω 238

10 τελευτησουσιν] -σι 26 49 68 87 91 106 238 | ουδ ου μη] ουδε μη 68 87 91 238 | γενηται] ελθη Qᵐᵍ 68 87 91 238

7 Αιθιοπων] αιθιωπων 62 147 αιθιοπων 147ᵃ | εστε] εσται 62 | μοι] εμου 48 62 εμοι 147 153 233 | λεγει κ̅ς̅] om 62 147 | της Αι.] γης Αι. 36 etc.—233 | καππαδοκιας] καπαδοκιας 62

8 την αμαρτωλον] των αμαρτωλων 48 153 233 | εξαρω 1°—εις τελος] om 62 | εις τελος ου μη] ουκ εις τελος 48 153 233

9 ιδου] om 48 | λικμησω] λικμιω 233 | τον οικον Ισ.] ponit post εν πασι τοις εθνεσιν 48 153 233 | Ισραηλ] pr του 233 | τοις εθνεσιν] om 153 | λικμω] λικμω 48 51 95 153 185 233 | πεση] πεσει 62

10 αμαρτωλοι] pr οι 233 | του] om 36 48 62 147 153 233 | ουδε μη ελθη] ουδ ου μη ελθη 62 147 ουδ ου μη γενηται 233 ουδε μη γενηται 36 48 51 95 153 185

ix 11   Q   22

11 Ἐν τῇ ἡμέρᾳ ἐκείνῃ ἀναστήσω τὴν σκηνὴν Δαυεὶδ τὴν καταπεπτωκυῖαν, καὶ ἀνοικοδομήσω τὰ πεπτωκότα αὐτῆς, καὶ τὰ κατεστραμμένα αὐτῆς ἀναστήσω, καὶ ἀνοικοδομήσω αὐτὴν καθὼς αἱ ἡμέραι τοῦ αἰῶνος,

12 ὅπως ἐκζητήσωσιν οἱ κατάλοιποι τῶν ἀνθρώπων, καὶ πάντα τὰ ἔθνη ἐφ᾽ οὓς ἐπικέκληται τὸ ὄνομά μου ἐπ᾽ αὐτούς, λέγει Κύριος ὁ ποιῶν ταῦτα.

13 ἰδοὺ ἡμέραι ἔρχονται, λέγει Κύριος, καὶ καταλήψεται ὁ ἀμητὸς τὸν τρυγητόν, καὶ περκάσει ἡ σταφυλὴ ἐν τῷ σπόρῳ, καὶ ἀποσταλάξει τὰ ὄρη γλυκασμόν, καὶ πάντες οἱ βουνοὶ σύμφυτοι ἔσονται·

14 καὶ ἐπιστέψω τὴν αἰχμαλωσίαν λαοῦ μου Ἰσραήλ, καὶ οἰκοδομήσουσιν πόλεις τὰς ἠφανισ-

11 Ἐν τῇ ἡμέρᾳ ἐκείνῃ ἀναστήσω τὴν σκηνὴν Δαυεὶδ τὴν πεπτωκυῖαν, καὶ ἀνοικοδομήσω τὰ πεπτωκότα αὐτῆς, καὶ τὰ ἀνεσκαμμένα αὐτῆς ἀναστήσω, καὶ ἀνοικοδομήσω αὐτὴν καθὼς αἱ ἡμέραι τοῦ αἰῶνος,

12 ὅπως ἐκζητήσωσίν με οἱ κατάλοιποι τῶν ἀνθρώπων, καὶ πάντα τὰ ἔθνη ἐφ᾽ ἃ ἐπικέκληται τὸ ὄνομα ἐπ᾽ αὐτά, λέγει Κύριος ὁ ποιῶν πάντα ταῦτα.

13 ἰδοὺ ἡμέραι ἔρχονται, λέγει Κύριος, καὶ καταλήψεται ὁ ἀλοητὸς τὸν τρυγητόν, καὶ περκάσει ἡ σταφυλὴ ἐν τῷ σπόρῳ, καὶ ἀποσταλάξει τὰ ὄρη γλυκασμόν, καὶ πάντες οἱ βουνοὶ σύμφυτοι ἔσονται·

14 καὶ ἐπιστρέψω τὴν αἰχμαλωσίαν τοῦ λαοῦ Ἰσραήλ, καὶ ἀνοικοδομήσουσι πόλεις τὰς

---

11 καταπεπτωκυιαν] πεπτωκυιαν 26 49 68 87 91 106 238 | αυτης 1°] αυτων Qᵐᵍ | κατεστραμμενα] κατεσκαμμενα Qᵃ 26 49 68 87 91 ανεσκαμμενα 238

12 εκζητησωσιν] εκζητησουσιν Qᵃ pr αν 49 106 + με 68 91 | των ανθρωπων] + τον Κυριον 26 49 106 198 | εφ ους] εφ α 238 | επ αυτους] επ αυτα 238 om 68 87 91 hab 91ᵃ | Κυριος] ο Θεος 26 49 106

13 καταληψεται] καταλημψεται 49 68 87 91 106 238 καταλειψεται 26 | αμητος] αλοητος Qᵃ 26 49 68 87 91 106 238 | περκασει] οριμαξει 106ᵐᵍ

14 Ισραηλ] pr του 238 | οικοδομησουσιν] -σι Qᵃ ανοικοδομ. 238 | ηφανισμενας] ηδαφισμενας 68

11 τη ημερα εκεινη] ταις ημεραις εκειναις 62 147 | πεπτωκοτα] πεπτοκοτα 62 | ανεσκαμμενα] κατεσκαμμενα 48 62 95 147 153 185 | αυτης 2°] om 233

12 εκζητησωσιν] -σι 22ᵃ pr αν 36 | με] om 48 36 233 | α] ους 48 95 153 185 223 | επικεκληται] επιβεβληται 147 | ονομα] + μου 22ᵃ 36 etc.—233 | αυτα] αυτους 48 233 om 153 | παντα] om 48 62 147 153 233

13 καταληψεται] -λειψεται 62 -λημψεται 36 48 51 95 153 185 233 | αλοητος] αμητος 48 62 95 147 185 233 | περκασει] -ση 147 | ορη] ορει 62

14 του λαου] om του 36 48 62 147 153 233 | λαου] + μου 36 etc.—233 | Ισραηλ] pr του 36 | ανοικοδομησουσι] οικοδομ. 48 95 153 185 233 | πολεις] pr τας 62 147

ix 14 Q 22

μένας καὶ κατοικήσουσιν, καὶ
καταφυτεύσουσιν ἀμπελῶνας καὶ
πίονται τὸν οἶνον αὐτῶν, καὶ
φυτεύσουσιν κήπους καὶ φάγονται
τὸν καρπὸν αὐτῶν·

15 καὶ καταφυτεύσω αὐτοὺς
ἐπὶ τῆς γῆς αὐτῶν, καὶ οὐ μὴ ἐκ-
σπασθῶσιν οὐκέτι ἀπὸ τῆς γῆς
αὐτῶν ἧς ἔδωκα αὐτοῖς, λέγει
Κύριος ὁ Θεὸς ὁ παντοκράτωρ.

ἠφανισμένας καὶ κατοικήσουσιν,
καὶ φυτεύσουσιν ἀμπελῶνας καὶ
πίονται τὸν οἶνον αὐτῶν, καὶ
ποιήσουσι κήπους καὶ φάγονται
τὸν καρπὸν αὐτῶν·

15 καὶ καταφυτεύσω αὐτοὺς
ἐν τῇ γῇ αὐτῶν, καὶ οὐ μὴ ἐκ-
σπασθῶσιν οὐκέτι ἀπὸ τῆς γῆς
αὐτῶν ἧς ἔδωκα αὐτοῖς, λέγει
Κύριος ὁ Θεὸς ὁ παντοκράτωρ.

14 καταφυτευσουσιν] φυτευσουσιν Qᵃ |
και φυτευσουσιν κηπους και φαγονται τον
καρπον αυτων] om 106 | φυτευσουσιν] φυ-
τευσουσι Qᵃ καταφυτευσουσιν 49 106 κατα-
φυτευσωσιν 26 ποιησουσι Qᵐᵍ | τον καρπον]
τους καρπους 26 49 68 87 91 238

15 και καταφυτευσω αυτους επι της γης
αυτων] om 49 hab 49ᵐᵍ | αυτους] καρπους
106 | επι της γης] εν τη γη 238 | αυτων 2°]
om 26 91

[Subscr. Αμως β
εντελλομενος παρ Εβραιοις γ´]

14 κατοικησουσιν] -σι 22ᵃ 147 + εν
αυταις 36 | φυτευσουσιν] -σωσιν 147 κατα-
φυτ. 36 48 51 95 153 185 233 | κηπους]
καρπους 62 147

15 καταφυτευσω] καταφυτευσουσιν 62
147 | εν τη γη] επι της γης 48 95 153 185
233 | εκσπασθωσιν] -σι 147 | αυτων 2°]
om 48 95 185 | ο Θεος] om 51 147 | ο
παντ.] om ο 51 147

C. THE HESYCHIAN AND LUCIANIC RECENSIONS.

A comparison of Hesychius with Lucian brings into strong
relief the colourless character of the former. It is impossible to
characterize where there are no characteristics, except of a negative
kind. In *Amos* the agreement of Hesychius with BA is almost
unbroken. The few exceptions to these statements that occur will
be noted below.

Before proceeding to examine the characteristics of Lucian in
detail, one general remark may be made. By its conflations,
doublets and expansions[1] the recension of Lucian suggests a

[1] This general characteristic of Lucian's work is well illustrated in the scholion
of James of Edessa referred to by Field: "When the holy martyr Lucian was busied
with the text of the sacred Scriptures, and emended it in many places or even
changed some of the expressions used by previous translators, when he saw the
word *Adonai* standing in the text and the word *Lord* in the margin, he combined
them and handed them down so, and in many places one finds written: 'Thus
saith Adonai the Lord'."

comparison with the Syrian recension of the N.T. text presupposed by Westcott and Hort, which was "possibly made or promoted by Lucianus of Antioch" himself[1].

The most important feature of Lucian's text is embraced in the first of the following divisions, namely "Doublets, conflate readings, etc."; they embrace, in some cases, important variants derived from MSS. which embodied a purer LXX. text than that of the normal text handed down in the great codices. Lucian thus embodies in his mixed recension an ancient and valuable element, which is further attested by the large amount of agreement between his readings and the O.L. text[2]. The right inference to draw from this is not that the O.L. is the result of the Lucianic recension, or that it is "Lucianic" in the sense that it has been influenced by Lucian, but that Lucian's text embodies ancient readings which have an independent attestation of the O.L. In those passages where both the O.L. and Lucianic readings are available, the O.L. affords a criterion for determining what is ancient in the Lucianic text, and a careful study of these passages ought to lead to valuable results for criticizing the Lucianic readings elsewhere. Of course, if we had anything like the complete text of the O.L. the value of Lucian's recension would be largely discounted; in the absence of this it remains most emphatically untrue that "the recension of Lucian is quite the most useless for those objects for which we use and need the LXX. most" (Nestle), especially if the value of the Lucianic readings is controlled by their agreement with the quotations of authors before Origen (Wendland). In this department much yet remains to be done, especially in the preliminary work of securing critical editions of the authors in question. The real value of the Lucianic recension cannot better be described than in Dr Driver's words: "What imparts to Lucian's work its great importance in the criticism

---

[1] Westcott and Hort *Intr. N.T. in Grk.* pp. 137 ff. Cf. also Burkitt: "Lucian's recension in fact corresponds in a way to the Antiochian text of the N.T. Both are texts composed out of ancient elements welded together and polished down." *O.L. and Itala* pp. 134 ff.

[2] Though this is largely true of the LXX. as a whole, there are exceptions; it seems that in our present book (*Amos*) there is a considerable amount of divergence between the O.L. and the Lucianic readings, see below, p. 103. In Micah, on the other hand, the general rule holds good.

of the O.T., is the fact that it embodies renderings, not found
in other MSS. of the LXX., which presuppose a Hebrew original
self-evidently superior in the passages concerned to the existing
Massoretic text. Whether these renderings were derived by him
from MSS. of the LXX. of which all other traces have disappeared,
or whether they were based directly upon Hebrew MSS. which
had preserved the genuine reading intact, whether in other words
they were derived mediately or immediately from the Hebrew, is
a matter of subordinate moment; the fact remains that Lucian's
recension contains elements resting ultimately upon Hebrew
sources, which enable us to correct, with absolute certainty,
corrupt passages of the Massoretic text[1]."

The characteristics of Lucian's text now to be noticed fall under
these heads: I. Doublets, conflate readings, etc. II. Approxi-
mations to the Massoretic text. III. Improvements in the Greek
text; subdivided thus: *a.* Substitution of Synonyms, *b.* Expansions,
c. Other improvements. It will be thought that such a short
book as that of Amos scarcely affords sufficient scope to lead to
definite conclusions; to some extent this is true, but the following
examples[2] will at any rate go to swell the evidence for Lucian's
characteristics which has already been gathered from other books of
the O.T.

I. *Doublets, conflate readings, etc.*

iii. 15 Luc. και συντριψω και παταξω. M.T. וְהִכֵּיתִי.

iv. 2 Luc. εις λεβητας υποκαιομενους εμβαλουσιν εμπυροι λοιμοι. M.T.
בְּסִירוֹת דּוּגָה.

iv. 3 Luc. και εξενεχθησεσθε γυμναι γυνη και ο ανηρ αυτης κατεναντι
αλληλων. M.T. וּפְרָצִים תֵּצֶאנָה אִשָּׁה נֶגְדָּהּ.

iv. 9 Luc. και επληθυνατε του ασεβησαι ους κηπους. M.T. הִרְבּוֹת
גַּנּוֹתֵיכֶם.

The ους should of course be τους, though the unanimity of
Luc. MSS. for ους is surprising. The Lucianic tendency towards

---

[1] *Notes on the Hebrew Text of the Books of Sam.* Intr. p. lii.

[2] These examples are taken almost exclusively from passages or words in which
Lucian's recension is different from that of Hesychius and from B or A, or both;
the far larger number of instances in which the LXX. and its recensions differ from
the M.T. cannot be noticed here,

conflations is strikingly illustrated by two of the group of Luc.
MSS., 95, 185, which read here :

καὶ ἐπληθύνατε τοῦ ἀσεβῆσαι· νόσοις ὑμᾶς περιέβαλον ποικίλαις, ὑμεῖς δὲ
ἐπετείνετε τὴν ἀσέβειαν· οὓς ἐπληθύνατε.

vi. 2 Luc. διαβῆτε πάντες καὶ ἴδετε εἰς Χαλαννην. M.T. כְלְנֵה (rendered
(i) πάντες, (ii) εἰς Χαλαννην).

II. *Approximations to the Massoretic text.*

[In the following examples it has been thought well to include
the evidence of B and A in order to show the relative dependence
on them of Hes. and Luc.; the evidence of these recensions
includes here that of all their MSS.; where only one or two of
these offer various readings to the group as a whole, the evidence
of the large majority is not considered to be impaired, excepting
in exceptional cases.]

i. 2 καὶ ἐπενθήσαν αἱ νομαὶ τῶν ποιμένων Luc. BA against τῶν ποιμνίων
Hes.[1], M.T. הָרֹעִים ; logically Hes. is the better, as the pastures concern
the flocks more directly than the shepherds. Qᵃ supports Luc. here, but Q,
followed by the entire Hes. group, maintains its independent reading.

11 τοῦ διῶξαι αὐτὸν Luc., against αὐτοὺς Hes. BA, M.T. עַל־רָדְפוֹ.

15 καὶ πορεύσεται Μελχομ ἐν αἰχμαλωσίᾳ Luc., against καὶ πορεύσονται οἱ
βασιλεῖς αὐτῆς Hes. BA, M.T. וְהָלַךְ מַלְכָּם בַּגּוֹלָה.

οἱ ἄρχοντες αὐτοῦ Luc., against οἱ ἄρχοντες αὐτῶν Hes. BA, M.T. שָׂרָיו
(Qᵐᵍ agrees with Luc.).

ii. 1 Ἰδουμαίας Luc. without the article, τῆς Ιδ. Hes. BA, M.T. אֱדוֹם.

3 μετ αὐτοῦ Luc. B, μετ αὐτῆς Hes. A, M.T. עִמּוֹ. (Qᵃ supports Luc.)

4 Κυρίου Luc. A, without the article, τοῦ Κυρίου Hes. B; M.T. יְהוָה ;
cf. the use of βασιλεὺς without the article in Greek classical writers; analogous
cases in the O.T. are perhaps Pharaoh, Rabshakeh, etc.

iii. 3 ἐὰν μὴ γνωρίσωσιν ἑαυτοῖς Luc., against ἐὰν μὴ γν. ἑαυτοὺς Hes. BA ;
the rather subtle distinction shows, however, the desire of Luc. to give the
full force of the M.T. בִּלְתִּי אִם־נוֹעָדוּ.

9 καὶ ἐπὶ τὰς χώρας ἐν γῇ Αἰγύπτου Luc.[2], a slavish rendering of the M.T.
בְּאֶרֶץ מִצְרַיִם ; Hes. B read more idiomatically :......τῆς Αἰγύπτου ; but Qᵃ
agrees with Luc., while A reads simply......Αἰγύπτου.

12 ἐν Σαμαρεία Luc. BAQᵃ against Hes. Σαμάρειαν, M.T. בְּשֹׁמְרוֹן.

---

[1] When it is not specifically stated otherwise, "Hes." includes Q.

[2] Both Luc. and Hes. misread אַרְמְנוֹת (so frequently), Hes. saw the tautology
and rectified it at the expense of the M.T.

15 αφανισθησονται Luc. against προστεθησονται Hes. BA, M.T. וספו; or did Hes., BA read a different text in M.T., ונספו?

iv. 8 και ουκ επεστραφητε Luc. BA is a more literal rendering of the M.T. ולא־שבתם than ουδ ως επιστρεψατε Hes., though the latter would appear from the context to have rendered the spirit of the words better.

11 εγενεσθε ως δαλος εξεσπασμενος εκ πυρος Luc. BA answers better to the M.T. מצל than εξαπεσταλμενος Hes.; εως and εξεσταλσμενον of Q are obviously merely clerical errors.

v. 1 οικος Ισραηλ Luc. B against οικος του Ισ. Hes. A; M.T. בית־ישראל.

2 ο ανιστων αυτην Luc. Q^mg against ο αναστησων αυτην Hes. BA; M.T. מקימה.

5 μη διαβαινετε Luc. B against μη αναβαινετε Hes. A; M.T. לא־תעברו.

8 σκιαν θανατου Luc. renders the M.T. צלמות more faithfully than the simple σκιαν of Hes. BA; the latter apparently felt the incongruity of the phrase here, and left out θανατου for that reason. With three exceptions (all in the book of Job) the LXX. always renders צלמות by σκια θανατου.

11 κατεκονδυλιζετε Luc. against κατεκονδυλιζον Hes. BA; M.T. בושסכם. πτωχον Luc. against εις κεφαλας πτωχων Hes. A; M.T. על־דל; Hes. A must have had in mind בראש דלים of ii. 7; cf. for a similar instance of this, i. 3 and i. 13. BQ^mg read simply πτωχους.

παρ αυτου Luc. against παρ αυτων Hes. BA; M.T. ממנו.

τον οινον αυτων Luc. A give a more literal rendering of M.T. יינם, though τον οινον εξ αυτων Hes. B is more accurate according to the sense.

19 και εισπηδηση εις τον οικον Luc. against the addition of αυτου Hes. BA; M.T. ובא הבית. ο οφις Luc. against the omission of the art. Hes. BA; M.T. הנחש.

vi. 8 After ωμοσεν κυριος καθ εαυτου Luc. adds λεγει Κυριος ο Θεος των δυναμεων, which Hes. BA omit. M.T. נאם־יהוה אלהי צבאות.

vii. 14 ουδε υιος προφητου εγω Luc. against Hes. BA who omit the emphatic εγω; M.T. ולא בן־נביא אנכי.

viii. 8 συντελεια αυτης Luc., συντελεια Hes. BA; M.T. כלה.

ix. 8 επι την βασιλειαν την αμαρτωλον Luc., against Hes. BA επι την β. των αμαρτωλων; M.T. בממלכה החטאה.

A few examples (they are not exhaustive) may be added, which show Hes. conforming to the M.T. more rigidly than Luc.:

i. 3 ουκ αποστραφησομαι αυτον Hes. BA against Luc.......αυτην; M.T. לא־אשיבנו.

4 και εξαποστελλω Hes. BA against Luc. και αποστελλω; this is clearly an effort on the part of Hes. BA to express the intensive piel of M.T. ושלחתי.

ii. 3 εξ αυτης Hes. BA against Luc. εξ αυτου; M.T. מקרבה.

6 αργυριου δικαιον Hes. BA against Luc. το δικαιον αργυριου. M.T. בכסף צדיק.

iv. 7 επ αυτην Hes. A against Luc. B which omit. M.T. עליה.

v. 16 κοπετον Hes. BA against Luc. εις κοπετον. M.T. agrees with Hes. BA in omitting εις.

24 Hes. BA omit the art. before δικαιοσυνη with M.T.; Luc. has it.

26 εποιησατε εαυτοις Hes. BA against Luc. εποιησατε εαυτων. M.T. עשיתם לכם. The same occurs in vi. 1 where Hes. BA read εαυτοις against Luc. εν αυτοις. M.T. לכם.

viii. 4 πτωχους Hes. BA against πτωχον Luc. M.T.......עני; the sing. of Luc. was perhaps put because of the sing. of πενητα in the first half of the verse.

III. *Improvements in the Greek.*

a. Substitution of Synonyms:

iii. 15 συντριψω Luc. for συνχεω.

iv. 7 του θερισμου Luc. for του τρυγητου.

v. 5 διαβαινετε Luc. for αναβαινετε.

15 καταλοιπους Luc. for περιλοιπους.

vi. 10 οικου Luc. for οικιας.

ενεκεν Luc. for ενεκα (so frequently).

viii. 2 ου μη Luc. for μη.

4 εκθλιβοντες Luc. for εκτριβοντες.

ix. 6 επιβασιν Luc. " 22 " for αναβασιν.

b. Expansions:

v. 3 The addition of εν αυτη after υπολειφθησονται; it occurs twice in this verse.

8 ο ποιων Luc. B[1] as against ποιων Hes. A.

16 εις κοπετον Luc. against κοπετον Hes. BA.

21 ου μη οσφρανθω θυσιας Luc. against Hes. BA which omit θυσιας with M.T.

24 η δικαιοσυνη Luc. against δικαιοσυνη Hes. BA M.T.

vi. 2 The second εκειθεν is probably an expansion (made under the influence of the preceding εκειθεν) for symmetry.

6 του Ιωσηφ Luc. against Ιωσηφ Hes. BA.

vii. 9 οι βωμοι Luc. against βωμοι Hes. BA.

viii. 1 και ειπεν κυριος προς με Luc. against Hes. BA which omit κυριος προς με.

---

[1] "The most frequent insertion (in Lucian's recension) is that of the definite article by the Greek idiom; but it is not expressed in Hebrew, and is consequently omitted by B." H. P. Smith, *Samuel*, p. 405. This verse therefore records an exception, as B agrees with Luc.

5 και ποτε ηξει τα σαββατα Luc. against Hes. BA which omit ποτε ηξει.

ix. 12 ο ποιων παντα ταυτα Luc. against Hes. BA which omit παντα. This is another exception regarding B's omission of the definite article, cf. footnote, p. 66.

c. Other improvements:

i. 3 των Γαλααδιτων Luc. against των εν Γαλααδ LXX.

11 τον αδελφον εαυτου Luc. for τον αδ. αυτου, perhaps here (and elsewhere) εαυτου is a refinement of the later Greek for the (weakened) αυτου.

ii. 7 εξεκλινον, the ending -ον for 2nd aorist (cf. Zech. i. 6 ειπον).

iii. 1 εκ πασης των φυλων της γης Luc. for εκ πασων φυλων γης; smoother Greek, agreeing with B against A.

3 εαν μη γνωρισωσιν εαυτοις Luc. against......εαυτους. Luc. has the normal construction, i.e. with the dative.

11 διαρπασθησονται Luc. for διαρπαγησονται.

v. 2 ο ανιστων αυτην Luc. for ο αναστησων αυτην. (?)

3 εκ πολεως Luc. for η πολις Hes. BA.

6 ζησεσθε Luc. for ζησατε Hes. B^{ab}A. καταφαγη Luc. B for καταφαγεται Hes. A.

21 τας εορτας υμων Luc. for εορτας υμων Hes. BA.

vi. 4 οι εσθιοντες Luc., αι εσθιοντες Hes., και εσθοντες BA; M.T. ואכלים; evidently αι of Hes. is a corruption of και, and οι of Luc. is perhaps a correction of the (corrupt) αι.

10 εξενεγκειν Luc. for εξενεγκαι.

vii. 2 ειπον Luc. instead of ειπα Hes. BA, so too verses 5, 8, and viii. 1.

13 ουκετι προσθησεις Luc. B against ουκετι μη προσθης Hes. A.

ix. 12 εφ α Luc. (to agree with antecedent εθνη) against εφ ους Hes. BA.

15 εν τη γη Luc., for επι της γης.

It may be said, in conclusion, that Lucian evidently desired to give a due representation of both the LXX. and the Hebrew text; starting with the LXX. (in a form probably purer than that which we now possess), which he took as his foundation, he supplemented it from the Hebrew. He appears to have been anxious not to lose anything which these two might offer; this accounts for his main characteristics, viz. conflate readings, and approximations to the Hebrew text. In a word, the recension of Lucian aimed at preserving *everything* that belonged to the LXX. and the Hebrew. The object of Hesychius was also to correct the LXX. by means of the Hebrew, but the Greek text which lay before him was not, as in Lucian's case, one which was independent of Origen's text. It is this fact which accounts for the greater individuality and importance of the *Lucianic* recension.

II.

THE LATER GREEK VERSIONS.

A. AQUILA[1].

The very few fragments (of the book of Amos) of this version which have been recovered are insufficient to permit of examples of all its characteristics being given. Aquila's rendering of the Tetragrammaton, for instance, in the archaic type 𐤉𐤄𐤅𐤄, is not found once among the *Amos*-fragments; the same applies to his rendering (under certain circumstances[2]) of את by συν[3], also of מן by απο, in all connections. But small as the material is, it is nevertheless sufficient for the purpose of noting the main characteristics of the version.

The first of these is its literal translation of the M.T., which is seen at once on comparing Aquila with the LXX. and the M.T.; the following are some instances[4]:

i. 2 βρυχησεται: LXX. εφθεγξατο: M.T. שָׁאַג: the literalness of Aq. is the more striking as both βρυχαομαι and שָׁאַג are onomatopoetic words, cf. iii. 4 ...הֲיִשְׁאַג אַרְיֵה בַיַּעַר.

3 ηλοων: LXX. επριζον: M.T. דּוּשׁ.

4 βαρεις (primary sense, a flat-bottomed boat, used in Egypt) is in its secondary sense the exact equivalent of אַרְמְנוֹת: LXX. θεμελια.

6 αιχμαλωσιαν απηρτισμενην (s. αναπεπληρωμενην): LXX. αιχμαλωσιαν του Σαλωμων: M.T. גָּלוּת שְׁלֵמָה.

11 και διεφθειρε σπλαγχνα αυτου: LXX. και ελυμηνατο μητερα (Luc. Hes. μητραν): M.T. וְשִׁחֵת רַחֲמָיו.

---

[1] Cf. Field, *Hexapla* i. xvi—xxvii. Art. *Hexapla* D.C.B. Swete, *Intr. O.T.* pp. 41, 42.

[2] Burkitt, *Aquila* p. 12.

[3] E.g. Gen. i. 1. Εν κεφαλαιω εκτισεν ο Θεος συν τον ουρανον και συν την γην.

[4] Space does not permit of giving an exhaustive list.

ii. 16 και ο καρτερος καρδιαν αυτου εν δυνατοις γυμνος φευξεται : LXX. και ο κραταιος ου μη ευρησει την καρδιαν αυτου εν δυναστειαις ο γυμνος διωξεται : M.T. ...‏וָאַמִּיץ לִבּוֹ בַגִּבּוֹרִים עָרוֹם יָנוּם‎.

iii. 3 συνταξωνται : LXX. γνωρισωσιν : M.T. ‏נוֹעָדוּ‎. 13 των στρατιων : LXX. ο παντοκρατωρ : M.T. ‏הַצְבָאוֹת‎.

15 και κολαφισω τον χειμερινον επι τον οικον τον θερινον : LXX. συνχεω και παταξω τον οικον τον περιπτερον επι τον οικ. τον θερ. : M.T. ‏וְהִכֵּיתִי בֵית־הַחֹרֶף עַל־בֵּית הַקָּיִץ‎.

iv. 2 εν θυρεοις : LXX. εν οπλοις : M.T. ‏בְצִנּוֹת‎. 5 ευχαριστιαν : LXX. νομον : M.T. ‏תּוֹדָה‎. 10 λοιμον : LXX. θανατον : M.T. ‏דֶּבֶר‎.

v. 6 τω Βαιθηλ : LXX. τω οικω Ισραηλ : M.T. ‏לְבֵית־אֵל‎. 12 εξιλασμα : LXX. ανταλλαγματα : M.T. ‏כֹּפֶר‎.

17 εν πασιν αμπελωσιν : LXX. εν πασαις οδοις : M.T. ‏בְכָל־כְּרָמִים‎.

vi. 7 εν αρχη των αιχμαλωτιζομενων : LXX. απ αρχης δυναστων : M.T. ‏בְּרֹאשׁ גֹּלִים‎.

14 εως του χειμαρρου της ομαλης : LXX. ως του χειμαρρου των δυσμων : M.T. ‏עַד־נַחַל הָעֲרָבָה‎.

viii. 1 καλαθος οπωρας : LXX. αγγος ιξευτου : M.T. ‏כְּלוּב קָיִץ‎. 9 εν ημερα φωτος : LXX. εν ημερα το φως : M.T. ‏בְּיוֹם אוֹר‎. 13 εκλυθησονται : LXX. εκλειψουσιν : M.T. ‏תִּתְעַלַּפְנָה‎.

ix. 3 εν τω πυθμενι της θαλασσης : LXX. εις τα βαθη (al. ex. θεμελια) της θαλ. : M.T. ‏בְּקַרְקַע הַיָּם‎. 6 δεσμην : LXX. επαγγελιαν : M.T. ‏אֲגֻדָּתוֹ‎. 9 ψηφιον : LXX. συντριμμα : M.T. ‏צְרוֹר‎.

13 και ο πιεζων τας σταφυλας τον ελκυοντα : LXX. και περκασει η σταφυλη εν τω σπορω : M.T. ‏וְדֹרֵךְ עֲנָבִים בְּמֹשֵׁךְ הַזָּרַע‎.

The second characteristic noticed in these fragments is the way in which words, especially proper names, are transliterated from the Hebrew; the following list exhausts all examples of this in the *Amos*-fragments.

i. 5 Κυρηνη : LXX. επικλητος : ‏קִירָה‎. 12 Βοσρα : LXX. τειχεων αυτης : ‏בָצְרָה‎. 15 Μελχομ : LXX. οι βασιλεις αυτης : ‏מַלְכָּם‎. ii. 2 Καριωθ : LXX. των πολεων αυτης : ‏קְרִיּוֹת‎. 12 Ναζαραιους : LXX. ηγιασμενους : ‏נְזִירִים‎. iii. 9 (εν) Αζωτω : LXX. εν Ασσυριοις : ‏בְּאַשְׁדּוֹד‎. iv. 3 Αρμονα : LXX. το Ρομμαν : ‏הַרְמוֹנָה‎. v. 5 Βηρσαβεε : LXX. το φρεαρ του ορκου : ‏בְּאֵר־שֶׁבַע‎. 23 ναβλων σου : LXX. οργανων σου : ‏נְבָלֶיךָ‎. 26 Μολχομ : LXX. του Μολοχ : ‏מַלְכְּכֶם‎. Χιουν : LXX. το αστρον : ‏כִּיּוּן‎. vi. 1 Σιων : LXX. Σειων : ‏צִיּוֹן‎. ix. 7 Φιλισταιους :

LXX. αλλοφυλους: פְּלִשְׁתִּים. Χαβαθωρ: LXX. (εκ) Καππαδοκιας: כַּפְתּוֹר. απο Κειρ: LXX. εκ βοθρου: מִקִּיר. In two or three cases Aquila translates where one would expect a transliteration; e.g. i. 12 επι νοτον: LXX. εις Θαιμαν: בְּתֵימָן. vi. 2 πολλην: LXX. Ραββα: רַבָּה. vii. 16 του γελωτος: LXX. Ιακωβ (for Ισαακ): יִשְׂחָק.

A third characteristic, which is a very interesting one, was already noticed by Jerome: "non solum verba sed etymologias quoque verborum transferre conatus est[1]." The following are some examples of this:

i. 3 αμαξαις: the secondary meaning of this word is "the carriage of a plough"; the Hebrew, חֲרֻצוֹת, would refer rather to the large sharp nails underneath the carriage (cf. Nowack's *Hebr. Archäologie* I. 233). It is true, αμαξαις is rather explanatory than etymological. LXX. has πριοσιν.

i. 5 ανωφελους "unprofitable": LXX. Ων: אָוֶן. 12 επι νοτον: LXX. εις Θαιμαν: בְּתֵימָן; in Gen. xii. 9 Aq. renders νοτον for נֶגֶב.

iii. 2 ανομιας: LXX. αμαρτιας υμων: עֲוֹנֹתֵיכֶם; עָוֹן lit. perverseness, and so any act contrary to the law. 14 επισκεψωμαι: LXX. εκδικησω: פָּקַדְתִּי, properly to divide in order to examine, to peer into. 7 απορρητον: LXX. παιδειαν: סוֹד has the idea of secrecy[2], and therefore something that must not be spoken about. ποιειν ορθοτητα: LXX. α εσται εναντιον αυτης: עֲשׂוֹת נְכֹחָה; נְכֹחָה = straightness, cf. Prov. iv. 25. iv. 9 εν ανεμοφθορια: LXX. εν πυρωσει: בְּשִׁדָּפוֹן. v. 26 συσκιασμους: LXX. σκηνην; סָכָּה, סִכּוּת a booth made of foliage and therefore giving shade; cf. 1 Kgs. xx. 12. Aq. συσκιασμοις: LXX. σκηναις: סֻכּוֹת, which is what Aquila read in the verse from *Amos*. vii. 1 οψιμος: LXX. βρουχος: לֶקֶשׁ "the late growth." 16 ου σταλαξεις: LXX. ου μη οχλαγωγησεις: לֹא־תַטִּיף, which contains the idea of "dropping." ix. 9 κοσκινιω (κοσκινον "sieve"): LXX. λικμησω: הֲנִעוֹתִי; נוּעַ "to sift."

In a few instances Aquila had a reading before him which differed from our present M.T.: there are only a few of these in the *Amos*-fragments, e.g.:

vii. 14 ερευνων M.T. בוֹלֵם, for which Aq. apparently read בֹּלֵשׁ.
viii. 3 αι στροφιγγες M.T. שִׁירוֹת, for which Aq. read צִירוֹת.

---

[1] Quoted in Swete's *Intr. O.T.* p. 40. It is realized that in seeking instances of this, there is sometimes the danger of being fanciful; the instances here given are partly explanatory, partly etymological.

[2] Cf. Ps. xxv. 14, lxiv. 3.

A curious coincidence occurs in vi. 10 where the M.T. is very corrupt; Aq. ησυχωθητι του αναμνησαι... M.T. הִסּ כִּי לֹא לְהַזְכִּיר; ησυχωθητι=הֵם כִּי לֹא, a striking correspondence in letters.

B. THEODOTION.

The fragments of the book of Amos, which have been pre-served to us from this version, are lamentably small in number, considerably less even than those of the version of Aquila. In a few cases they are of value in elucidating the Hebrew, but it cannot be said that they are of much help as a whole so far as *Amos* is concerned; this is due primarily of course to the smallness of the material, but also to some extent to the freedom with which Theodotion translated. He was a reviser (of the Septuagint) rather than one who attempted to give an independent version, though instances can be cited to show that he used the Hebrew text as a basis for his work. He was evidently more ambitious in his aims than Aquila, who, as has already been pointed out, sought to give a more or less literal rendering of the Hebrew.

The characteristics of Theodotion's work may be noted under the following heads:

I.   Free revisions of the LXX., e.g.

Theod. ii. 8: και επι ιματιων (vi ablatorum) κατεκλινοντο	LXX[B]: και τα ιματια αυτων δεσμευοντες σχοινιοις παραπετασματα εποιουν...
ii. 16 και ο εχων καρδιαν αυτου εν δυναστεια γυμνος φευξεται	και ο κραταιος ου μη ευρησει την καρδιαν αυτου εν δυναστειαις ο γυμνος διωξεται
iii. 2 ασεβειας	αμαρτιας
iii. 3 εαν μη συνελθωσιν αλληλοις	εαν μη γνωρισωσιν εαυτους
iv. 2 και τα εγκονα υμων	και τους μεθ υμων
iv. 3 εις το υψηλον ορος	εις το ορος το Ρομμαν
iv. 4 εν τρισιν ημεραις	εις την τριημεριαν
iv. 9 εν ανεμοφθορια και εν ωχριασει το πληθος των κηπων υμων	εν πυρωσει και εν ικτερω· επληθυνατε κηπους υμων
iv. 12 ετοιμαζου εις απαντησιν του θεου σου	ετοιμαζου του επικαλεισθαι τον θεον σου·
iv. 13 επι τα ακρα	επι τα υψη
v. 24 και αποικισθησεται	και κυλισθησεται

v. 26 και ηρατε την ορασιν του
βασιλεως υμων, αμαυρωσιν ειδωλων
υμων, αστρον του θεου υμων.

και ανελαβετε την σκηνην του Μολοχ
και το αστρον του θεου υμων Ραιφαν
τους τυπους αυτων

vi. 8 το υψος [Ιακωβ]

την υβριν Ιακωβ

vii. 4 και ο καλων την δικην

και ιδου εκαλεσεν την δικην

vii. 7 τηκομενον

αδαμαντινου

vii. 14 χαρασσων συκαμινους

κνιζων συκαμινα

viii. 3 τα επανωθεν

τα φατνωματα

viii. 8 πασα και εξωσθησεται και
καταποντισθησεται

συντελεια και καταβησεται ως
ποταμος [Αιγυπτου]

viii. 9 δεδυκεν και συνεσκοτασε την
γην [εν ημερα] φωτος

δυσεται και συσκοτασει επι της γης
εν ημερα το φως

ix. 1 επι το κιβωριον

επι το ιλαστηριον

ix. 6 δεσμην

επαγγελιαν

ix. 13 [και καταλημψεται] ο αρο-
τριων τον θεριζοντα και ο πιεζων τας
σταφυλας τον ελκυοντα

και καταλημψεται ο αμητος τον
τρυγητον και περκασει η σταφυλη εν
τω σπορω

ix. 15 και ου μη εκτιλωσιν

και ου μη εκσπασθωσιν

II.   That the Hebrew text was the basis of Theodotion's work
will be seen from the following examples (as well as from those
cited above):

vi. 1 ουαι οι ευθηνουντες εν Σιων הוֹי הַשַּׁאֲנַנִּים בְּצִיּוֹן cf. Zech. i. 15 ;
Theod. renders שָׁאַן freely, but the sense is that implied in the Hebrew
word ; LXX. εξουθενουσιν, apparently misreading הַשָּׁטִים, or הַשָּׁאטִים cf.
Ezek. xxviii. 24, 26.

οι επεκληθησαν αρχαιοι των εθνων נְקֻבֵי רֵאשִׁית הַגּוֹיִם (LXX. απετρυγησαν
αρχας εθνων); the corruption in the M.T. necessitated a free rendering, and
Theodotion at all events makes better sense than the LXX., which appears to
have read נקפו for נקבי, cf. Is. x. 24, xxiv. 13.

vi. 3 οι απαγομενοι הַמְנַדִּים LXX. οι ερχομενοι, but A and two Hes. MSS.
(Q 26) οι ευχομενοι reading הַמְנַדְּרִים, which likewise gives no sense, as
Theod. certainly does.

viii. 1 αγγος οπωρας θερινης כְּלוּב קָיִץ LXX. αγγος ιξευτου ; the only word
which bears any resemblance to קָיִץ is קָנִיץ, which, however, is not used (the
noun קָנִץ is used in a figurative sense in Job xviii. 2), but possibly LXX.
read קְנָץ. Cf. iii. 5.

viii. 7 εις τελος לָנֶצַח LXX. εις νικος reading נצח as though from the root
נצח (I) piel.

ix. 15 και ου μη εκτιλωσιν וְלֹא־יִנָּתְשׁוּ LXX. και ου μη εκσπασθωσιν.

III.   A further curious characteristic of Theodotion's version is the way in which Hebrew words (especially proper names) are transliterated; it is a further proof of his use of the Hebrew[1]. The following are all the examples which occur in *Amos*.

i. 1 εν νωκεδειμ בנקדים: 5 Ων און: 6 Εδωμ אדום (LXX. Ιδουμαιαν):

ii. 2 καριωθ קריות (LXX. των πολεων αυτης): 12 τους Ναζαραιους הנזירים (LXX. τους ηγιασμενους): v. 5 Βηρσαβεε באר־שבע (LXX. το φρεαρ του ορκου): vi. 1 Σιων ציון (LXX. Σειων): 14 αραβα ערבה (LXX. των δυσμων): vii. 7 αδωναι אדני (LXX. Κυριος): 16 Ισαακ ישחק (LXX. Ιακωβ, O.L. iacob, Aq. του γελωτος, Sym. = M.T., Vulg. idoli): ix. 7 Φιλισταιους פלשתיים (LXX. αλλοφυλους): Χαβαθωρ כפתור (LXX. Καππαδοκια).

But this is not invariably the case, viz. i. 12 επι νοτον בתימן (LXX. εις Θαιμαν): v. 26 του βασιλεως υμων מלככם (LXX. του Μολοχ): αμαυρωσιν כיון (LXX. Ραιφαν, Aq. Sym. Χιουν): iii. 9 Αζωτω אשדוד (LXX. Ασσυριοις): ix. 7 εκ τοιχου מקיר (LXX. εκ Βοθρου, Aq. Quinta απο Κειρ, Sym. απο Κυρηνης, O.L. de fovea, Vulg. de Cyrene).

Other points of interest are: Theodotion translates צבאות by των στρατιων (LXX. ο παντοκρατωρ); with the LXX. he renders ברית διαθηκη, Aq. Sym. συνθηκη; his rendering of ארמנות varies, βαρεις οικησεις αυλας; in ix. 1, the Hebr. כפתור is translated κιβωριον (LXX. ιλαστηριον, Aq. οικοδομημα, Sym. = Theod.); is there a reference here to the cup shape of the summit of the pillar?—A curious coincidence occurs in iv. 13, Hebr. מה־שחו, Theod. λογον, LXX. χριστον,—the close connection here of χριστος and λογος is somewhat striking.

C. Symmachus.

This version affords but little help in emending the corruptions of the Hebrew text of *Amos*; as in the case of the two preceding versions, the fragments of *Amos* are but scanty.   From these, two characteristics stand out clearly: his use of the versions of Aquila and Theodotion, and, less frequently, of the Septuagint,—and, secondly, a certain independence which often ignores the meaning of the Hebrew, as well as of the earlier versions.   Under the first heading the following examples may be cited:

[1] Cf. the like characteristic in *Aquila*, p. 69.

I. (i) *LXX.*: iv. 2 εν οπλοις. iv. 9 εν ικτερω. v. 9 επι οχυρωμα. v. 26 την σκηνην = M.T. against Aq. (τους συσκιασμους) and Theod. (την ορασιν). ix. 7 Καππαδοκιας against M.T. Aq. Theod. (Χαβαθωρ).

(ii) *Aq.*: i. 2 βρυχησεται. i. 4 βαρεις. i. 9 συνθηκων (LXX. Theod. διαθηκης). i. 11 διεφθειρε σπλαγχνα αυτου : ηγρευσεν = Theod. iv. 9 εν ανεμοφθορια = Theod. iv. 13 τα ορη = Theod. (LXX. βροντην). v. 12 εξιλασμα = Theod. (LXX. ανταλλαγματα). v. 17 πασιν αμπελωσιν = Theod. (LXX. πασαις οδοις). v. 26 Χιουν = M.T. viii. 1 καλαμος οπωρας (Aq. καλαθος οπωρας). viii. 13 εκλυθησονται = Theod. ix. 3 εν τη πυθμενι = Theod. (LXX. εις τα βαθη). ix. 6 δεσμην = Theod. (LXX. επαγγελιαν). ix. 9 κοσκινιω......εν τω κοσκινω (LXX. λικμησω......εν τω λικμω). ix. 13...ο αροτριων τον θεριζοντα και ο πιεζων τας σταφυλας τον ελκυοντα... = Theod. (LXX. ο αμητος τον τρυγητον και περκασει η σταφυλη εν τω σπορω...).

(iii) *Theod.*: iii. 12 κλινη (LXX. ιερεις a transliteration of עָרְשׂ, but several Luc. and Hes. MSS. read κλινει). iii. 15 οικοι οδοντος (LXX. οικοι ελεφαντινοι). iv. 6 καθαρισμον οδοντων (LXX. γομφιασμον οδ.). v. 7 Πλειαδας. viii. 7 εις τελος (LXX. εις νικος). viii. 8 εξωσθησεται. viii. 9 δεδυκεν. ix. 1 επι το κιβωριον (LXX. επι το ιλαστηριον reading כַּפֹּרֶת). ix. 15 εκτιλωσιν (LXX. εκσπασθωσιν).

Symmachus seems, on the whole, to have relied upon Theodotion more than on the LXX. or Aquila; but that he used the M.T. as a basis will be clear from the few following citations:

ii. 8 και επι ιματια ενεχυρασμου εκκλινουσι וְעַל־בְּגָדִים חֲבֻלִים יַטּוּ. ii. 12 τους Ναζαραιους הַנְּזִירִים. iii. 15 και παταξω τον οικον τον χειμερινον επι του οικου του θερινου וְהִכֵּיתִי בֵית־הַחֹרֶף עַל־בֵּית הַקָּיִץ. v. 24 αρχαιος אֵיתָן. v. 26 την σκηνην του βασιλεως υμων אֵת סִכּוּת מַלְכְּכֶם. vii. 16 Ισαακ יִשְׂחָק (LXX. Ιακωβ). viii. 3 και ολολυξουσιν αι ωδαι וְהֵילִילוּ שִׁירוֹת הֵיכָל. viii. 8 ου σαλευθησεται לֹא תִרְגַּז (LXX. ου ταραχθησεται).

II. Interesting, if not always instructive, is the way in which Symmachus gives renderings of an entirely independent character, independent of the other versions as well as of the Massoretic text; this is, apparently, due to the desire to give a good Greek rendering, or to give the sense of the original, as he understood it, or, in other cases (none of which, however, occur in *Amos*), for dogmatic reasons. The following are some examples of independent renderings:

ii. 16 εν τοις ανδρειοις γυμνος φευξεται (LXX....εν δυναστειαις : Aq....εν δυνατοις Th....εν δυναστεια). iii. 7 ομιλιαν (LXX. παιδειαν, Aq. απορρητον, Theod. βουλην, M.T. סוֹד). iii. 11 πολιορκια (LXX. Aq. Τυρος, M.T. צָר).

iii. 15 και παταξω τον οικον τον χειμερινον επι του οικου του θερινου (LXX. Aq....επι τον οικον τον θερινον, Theod....συν τω οικω τω θερινω). iv. 1 αι βοες ευτροφοι (LXX. δαμαλεις της βασανιτιδος, Aq. Theod. αι βοες βασαν). iv. 3 εις Αρμενιαν (LXX. το Ρομμαν, al. το Ρεμμαν, al. το Αρμανα, Aq. Αρμονα, Theod. εις το υψηλον ορος, M.T. הַרִמּוֹנָה). For the rendering of Sym. cf. Gen. viii. 4 επι τα ορη το Αραρατ הָרֵי אֲרָרָט, the district in Armenia between the Araxes and Lake Van. iv. 13 το φωνημα αυτου (LXX. τον χριστον αυτου, Aq. τις η ομιλια αυτου, Th. τον λογον αυτου, M.T. מַה־שֵּׂחוֹ) cf. iii. 7 versions. v. 9 τον ποιουντα καταγελασαι αφανισμον επι ισχυν, και αφανισμον επι οχυρωμα επαγοντα (LXX. ο διαιρων συντριμμον επ ισχυν και ταλαιπωριαν επι οχυρωμα επαγων, M.T. הַמַּבְלִיג שֹׁד עַל־עָז וְשֹׁד עַל־מִבְצָר יָבוֹא). v. 10 ρημα αμωμον (LXX. Aq. λογον οσιον, M.T. דֹּבֵר תָּמִים). v. 16 εν πασαις ταις πλατειαις of LXX. is rendered by Sym. εν πασιν αμφοδοις M.T. בְכָל־רְחוֹבוֹת; τους γινωσκοντας μελος (LXX. Aq....θρηνον, M.T. נֶהִי). v. 24 αρχαιος (LXX. αβατος, M.T. אֵיתָן which Sym. takes in the secondary sense of "old," as e.g. in Jer. v. 15 גּוֹי אֵיתָן). vi. 7 και περιαιρεθησεται εταιρεια τρυφητων (LXX. και εξαρθησεται χρεμετισμος ιππων εξ Εφραιμ! M.T. וְסָר מִרְזַח סְרוּחִים).

These examples are not exhaustive.

In rendering proper names Symmachus is not consistent: sometimes they are taken from one or other of the versions and sometimes transliterated. בֵּית־אֵל is rendered οικος Θεου in iii. 14, and Βαιθηλ in v. 6.

III.

THE COMPLUTENSIAN AND ALDINE TEXTS.

THE COMPLUTENSIAN.

The third column of this Polyglott contains the first printed text of the complete Septuagint. Of the Greek MSS. to which Cardinal Ximenes refers in the Preface, and which he used in the preparation of his text, some have been identified, viz. Holmes and Parsons' 68 108 248[1]. Of these 68 is Hesychian (see p. 15), 108 is Lucianic, and 248 is neutral but has Hexaplaric readings in the poetical books; only 68 contains the Prophets. But to these three there must be added another, H. and P.'s 40, a codex of the Twelve Minor Prophets; the large number of readings peculiar to Compl. and 40 makes it certain that this MS. must have been used by the Cardinal. Holmes and Parsons have the following note on it: "Codex Dorothei ἱεροκήρυκος Moldaviens. III. membranaceus, saeculi XII. in folio. Continet XII. Prophetas Minores, quorum contextui interpositus est Commentarius Cyrilli Alexandrini." The fact of Cyril's commentary finding a place in this MS. suggests the possibility, at least, of its being Hesychian in character (cf. Swete, pp. 79, 80); at any rate, the striking number of singular readings belonging to Compl. and 40 deserves mention.

The Complutensian as a whole is regarded as belonging to the Lucianic type of text (Cornill, p. 79, Swete, p. 486), and a comparison of the texts (of *Amos*) of Hesychian and Lucianic MSS., as well as of B and A, with the Compl., marks it as being predominantly Lucianic, but as having at the same time a strong admixture from other sources; this is precisely what one would

---

[1] Cf. Swete, p. 172 f.

expect in a text formed from such diverse elements as, for example, the four MSS. mentioned above.

The following characteristics are observable in the Compl. text of *Amos* :

a. Diversity of types of text, but a predominance of the Lucianic.

b. The exercise of a certain amount of (apparent) independence.

c. A tendency (apparently) to approximate to the M.T., and

d. In other cases to differ from the M.T. by omissions, which are peculiar to it.

With regard to the three last, it is realized that the deductions must be of a purely tentative character, because on the one hand the Complutensian may have used MSS. which are not available now, and on the other hand the Compl. may have misread some passages and thus have handed down readings for which there is no authority.

The following examples are far from being exhaustive :

a. Diversity of types of text, in which the Lucianic predominates :

i. 2   τας εν γαστρι εχουσας B Hes. Luc.

13   τα ορια αυτων Luc.

14   συντελεσεως αυτης 40.

ii. 3   παντας τους αρχοντας **αυτης** Hes.

16   εν ταις ημεραις εκειναις 40.

φευξεται Luc.

iii. 9   εν γη Αιγυπτω Luc.

15   οικοι ετεροι και πολλοι 40.

iv. 2   The insertion of υποκαιομενους εμβαλουσιν B Luc.

v. 2   μη προστεθη only found elsewhere in 233 (Luc.).

11   πτωχον Luc.

παρ αυτου Luc.

19   εαν τις φυγη 40.

The omission of θυσιας B Hes. Luc.

viii. 9   εν ημερα φωτος Luc.

ix. 1   επι το θυσιαστηριον 40 26 (Hes.).

6   The omission of αυτου after την επαγγελιαν 40.

8   The addition of ου μη before εξαρω 2° 62 (Luc.).

14   αποστρεψω 40.

15   The omission of παντοκρατωρ 233 (Luc.).

The point of these (which form a very small number of the total) is that the reading in question occurs only in the Compl. and the specified MS., thus showing (with the reservation mentioned above) the diverse sources of which the Compl. text is made up.

b. The exercise of a certain amount of (apparent) independence:

There are a goodly number of instances in which the Compl. has readings differing from every other known MS.; the authority for these may have been some MSS. not now available, but pending the discovery of such, I have ventured to call this class of readings (apparently) independent.   Only a few examples are given.

i. 1   εν ακκαρπι instead of εν ακκαρειμ or εν καριαθιαρειμ.
  2   των προβατων instead of των ποιμενων or των ποιμνιων.
  5   εκ πεδιου ειδωλου instead of εκ πεδιου Ων.
  6   Σολομων (the N.T. form for the usual LXX. form Σαλωμων.   40 also has this form).
ii. 6   ανθ υποδηματων for ενεκα υποδ.
  7   εις κεφαλην πτωχον instead of εις κεφαλας πτωχων.
  10   τον Αμορραιον for την γην Αμορραιων.
  16   και ευρησει την ψυχην σου for the usual ...την καρδιαν σου.
iii. 4   θηραν ουκ ειδωσιν for θηραν ουκ εχων.
iv. 9   επυρωσα υμας instead of επαταξα υμας, occasioned probably by the following εν πυρωσει.
v. 9   ο διεγειρων συντρριμον for ο διαιρων or ο διοριζων συντ.
  11   ο ανω ὠν for ανθ ὠν.
  14   ον τροπον ειπαν instead of ον τρ. ειπατε.
vi. 3   οι ερχομενοι εις ημεραν κακεινοι εγγιζοντες instead of οι ερχομενοι (οι ευχομενοι) εις ημεραν κακην, οι εγγιζοντες.
vii. 15   προφητευσον επι τον οικον μου instead of ...τον λαον μου (40 supports Compl. here).
  17   αιχμαλωτοι αχθησονται instead of εν ρομφαια πεσουνται, a slip no doubt occasioned by the words αιχ. αχθ. at the end of the verse.
viii. 3   ο κοπετος for ο πεπτωκως.
  6   πασης παραθεσεως for πασης πρασεως (παντος γεννηματος according to others).
ix. 3   τα θεμελια της θαλασσης for τα βαθη της θαλ.
  9   δεικνυω for λικμιω or λικμησω.

c. A tendency to approximate (apparently) to the M.T.:

i. 5 αδαν instead of χαρραν. M.T. עֶדֶן.

15 και πορευσεται ο βασιλευς αυτων, this is the nearest to M.T. וְהָלַךְ מַלְכָּם (though Q also approximates to it: και πορευσονται οι βασιλεις αυτης), most MSS. reading Μελχομ.

ii. 9 The omission of οὗ ἠν before καθως υψος κεδρου το υψος αυτου. M.T. אֲשֶׁר כְּגֹבַהּ אֲרָזִים גָּבְהוֹ.

iii. 5 ει σταθησεται παγις for ει σχασθησεται παγις. M.T. הֲיַעֲלֶה־פַּח.

iv. 10 ιππων υμων for ιππων σου. M.T. סוּסְכֶם.

v. 13 πονηρος for πονηρων. M.T. רָעָה.

19 τον οικον for τον οικον σου. M.T. הַבַּיִת.

vi. 1 και εισηλθον εις αυτους for και εισηλθον αυτοι B Hes. or ...εν αυταις Luc. M.T. וּבָאוּ לָהֶם.

2 τας κρατιστας εκ των βασιλειων τουτων, BA Hes. Luc. insert πασων. M.T. הַטּוֹבִים מִן־הַמַּמְלָכוֹת הָאֵלֶּה.

viii. 4 οι εκτριβοντες πενητα, BA Hes. Luc. insert εις το πρωι. M.T. הַשֹּׁאֲפִים אֶבְיוֹן.

d. In some instances the Complutensian omits words or phrases which M.T. has, e.g.:

iv. 6 εν τοις τοποις υμων. M.T. בְּכֹל מְקוֹמֹתֵיכֶם.

9 Compl. omits υμων three times in this verse, M.T. inserts each time.

v. 1 τον λογον. M.T. אֶת־הַדָּבָר הַזֶּה.

7 και δικαιοσυνην εις γην. M.T. וּצְדָקָה לָאָרֶץ הִנִּיחוּ.

18 η ημερα. M.T. יוֹם יהוה.

25 μη σφαγια και θυσιας...προσηνεγκατε μοι εν τη ερημω...; M.T. הַזְּבָחִים וּמִנְחָה הִגַּשְׁתֶּם־לִי בַמִּדְבָּר.

vii. 11 ο δε Ισραηλ αιχμαλωτος αχθησεται. M.T. וְיִשְׂרָאֵל גָּלֹה יִגְלֶה מֵעַל אַדְמָתוֹ.

ix. 5 Compl. omits συντελεια αυτης και καταβησεται ως ποταμος Αιγυπτου. M.T. reads it כָּלָה וְשָׁקְעָה כִּיאֹר מִצְרָיִם.

In other instances the Complutensian inserts where M.T. omits; in the following examples the Compl. has singular readings:

ii. 12 και εποτιζετε τους μου ηγιασμενους οινον. M.T. וַתַּשְׁקוּ אֶת־הַנְּזִרִים יָיִן.

iv 9 καὶ ἐλαιῶνας υμων τουτους κατεφαγεν η καμπη.   M.T. וזיתיכם יאכל הגזם.

13 διοτι κυριος εἰ.   M.T. כי הנה.

v. 8 Κυριος ο θεος παντοκρατωρ ονομα αυτω.   M.T. יהוה שמו.

14 και εσται ουτως μεθ υμων Κυριος ουτως ειπεν Κυριος ο θεος παντοκρατωρ

ου τροπον ειπατε.   M.T. ויהי־כן יהוה אלהי צבאות אתכם כאשר אמרתם.

In a number of other instances in which the Compl. is supported by 40 the same thing occurs.

THE ALDINE TEXT.

This edition was published in Venice after the printing of the Complutensian, but before its publication. A comparison between these two on the one hand and B A together with the Hesychian and Lucianic manuscripts on the other, shows that the text of the Aldine is not based upon the same variety of authorities as is that of the Complutensian; for, whereas the latter shows the influence of MSS. of different types, though with a predominance of the Lucianic, the former has a text which is practically entirely Hesychian. This is only what one would expect, for the text was published in Venice, where a collection of MSS. was ready to hand (viz. that of Bessarion, now in S. Mark's Library, in Venice); and that Andreas Asolanus did make these the basis of this text has been proved[1]; especially is this noticeable in a comparison between the Aldine and the MS. 68, which belongs to Bessarion's collection (cf. p. 15).

For this reason the Aldine text is neither so interesting nor so important for textual purposes as the Complutensian. The other great printed editions, the Sixtine and the Grabian, representing as they do respectively B and A, are not taken into consideration here.

---

[1] Der Text dieser Gruppe (i.e. βϛκλμφψ, namely the Hesychian group) deckt sich nämlich fast völlig mit der Aldina......; ist ja doch auch der dieser Gruppe angehörige Codex Bessarionis ψ (68), beziehungsweise die venetianischen Handschriften, aus welchen ψ für Bessarion zusammengeschrieben wurde, die Vorlage der Aldina gewesen. Ein wunderbar glücklicher Zufall hätte uns somit in der Aldina im Grossen und Ganzen den Hesych gegeben, wie die Complutensis im Grossen und Ganzen den Lucian darstellt.   Cornill, *Ezechiel*, s. 79.

IV.

THE LATIN VERSIONS.

A. The Old Latin.

The importance of the Old Latin version for purposes of textual criticism has long been recognized, and in certain quarters strongly insisted upon[1]. In English there is no lack of general introductions dealing with the history, general characteristics and value of the version as a whole[2]; but the application of its evidence in detail to the text of particular books has hardly yet been fully utilized. The following attempt to determine and to estimate its bearing on the text of a single book, namely the book of Amos, may therefore be not altogether useless and without justification. Although no very startling results have been attained, yet it is hoped that the following examination will not be valueless in bringing home to the mind of the general reader, and possibly to some students, a more definite idea as to what kind of help may be gained from the detailed study of this venerable version.

Without repeating what has already been said so effectively elsewhere regarding the origin, general characteristics, linguistic character etc., of the version, it is necessary to point out once

---

[1] One need but refer to the works, e.g. of Ranke, Rönsch, Burkitt, to mention but a few authors.

[2] Cf. e.g. Burkitt's *The O.L. and the Itala*, Camb. 1896; Kennedy's art. in Hastings' Bible Dict.; Swete's *Intr. to O.T. in Greek*, Ch. iv. Camb. 1900.

more the fragmentary nature of the *material* that has come into
our hands.   This may be grouped as follows :—

I.   The chief MS. authorities are[1]:

a. Cod.Weingartensis. This manuscript, which is ascribed to the
5th century, belonged originally to the monastery of Weingarten.
Owing to the "vandalism of stupid monks," to borrow a phrase
from Cornill, it was cut up and used for binding books.   On the
dissolution of the monastery these books with their precious
accompaniments became scattered, thus completing the process
of dispersion and disintegration of the MS.   The collection of the
extant fragments and their decipherment we owe to the labours
of Ranke and, in a lesser degree, to Corssen.   These fragments
were discovered at Fulda, Darmstadt, Stutgardt and in the
monastery of St Paul in the Lavantthal, in Carinthia.   They
have now been made available to scholars in the following printed
editions :

*Fragmenta versionis latinae antehieronymianae prophetarum
Hoseae, Amosi, et Michae e Codice Fuldensi eruit atque adnota-
tionibus instruxit E. Ranke. Accedit tabula lapidi incisa.* Marburg
1856.

*Fragmenta versionis latinae antehieronymianae prophetarum
Hoseae, Amosi, Michae, aliorum e codice manuscripto eruit atque
adnotationibus instr. E. Ranke. Fasciculus II.* Marburg 1858.

*Fragmenta versionis sacrarum scripturarum latinae antehiero-
nymianae e codice manuscripto eruta atque adnotationibus criticis
instructa. Editio libri repetita, cui accedit appendix.* Vindobonae
1868. [Appendix, qua fragmenta ab Alberto Vogel edita ad
modum codicis proponuntur notisque criticis illustrantur.]

*Antiquissimae Veteris Testamenti versionis latinae fragmenta
Stutgardiana nuper detecta, quibus accedunt duae tabulae photo-
graphicae.* Marburg 1888.
All these edited by E. Ranke.

Fragmenta monast. S. Pauli Carinthiaci. Vienna 1868.
Edited by Al. Vogel.

[1] These apply only to the prophetical books ; regarding MSS. of the other books
of the Bible, cf. Swete *op. cit.* pp. 93—96.

Zwei neue Fragmenta der Weingartener Prophetenhandschrift; nebst einer Untersuchung über das Verhältniss des Weingartener und Würzburger Prophetenhandschrift. Berlin 1899.
By Peter Corssen.

b. Cod. Wirceburgensis. A manuscript belonging to the 6th cent. It, too, has been edited by Ranke:

Par palimpsestorum Wirceburgensium: Antiquissimae Veteris Testamenti versionis latinae fragmenta e codd. rescriptis eruit, edidit, explicuit E. Ranke. Vindobonae 1871.

Swete mentions[1], as containing some fragments from an O.L. MS., F. Gustafsson's *Fragmenta Veteris Testamenti in latinum conversi e palimpsesto vaticano eruta* (Helsingfors 1881); but a comparison of these fragments with the corresponding passages in the Vulgate and, where possible, with Cod. Weingart., shows conclusively that the text of the *Fragmenta Vaticana* is not an O.L. one. Moreover, I have the authority of Mr Burkitt for holding this view, for, in writing to me in reference to these fragments, he says: "They are taken from a 6th century Codex, but the text is not Old Latin, but Vulgate." The truth of this will be seen on comparing the *Amos* fragments with the Vulg. and Cod. Weingartensis, or with the LXX. where Cod. Weingart. is wanting:

Fragm. Vaticana.	*Vulg.*	LXX[B].
v. 16		
INOMNIBUSPLATEISplanc	In omnibus plateis planc-	Ἐν πάσαις ταῖς πλατείαις
TUSETINCuNCTiSQUae	tus: et in cunctis, quae	κοπετός, καὶ ἐν πάσαις ταῖς ὁδοῖς
FORISSUNTDICETURuae	foris sunt, dicetur vae	ῥηθήσεται οὐαὶ οὐαί· κλη- θήσεται
uAE·│·ETUOCABuNTAGrico	vae: et vocabunt agrico-	γεωργὸς εἰς πένθος καὶ
LAMADLUCTUM·│·ETADplanc	lam ad luctum, et ad planc-	κοπετόν, καὶ εἰς εἰδότας
TUMEosQUISCIUNTPlan	tum eos qui sciunt plan-	θρῆνον,

[1] *Intr. to O.T.* p. 97.

v. 17

gere ·|· et in omnibus VI	gere. Et in omnibus vi-	καὶ ἐν πάσαις ὁδοῖς κοπετός,
NEiSERITPLANCTUS ·|· quia	neis erit planctus : quia	διότι ἐλεύσομαι διὰ μέσου
PERTRANSIBOINmedio	pertransibo in medio	σου, εἶπεν Κύριος.

v. 18

TUIDICITDN̄S ·|· UAedesi	tui, dicit Dominus. Vae desi-	Οὐαὶ οἱ ἐπιθυμοῦντες τὴν
DERANTIBUSDIEMDn̄i adQUIDEAMUOBIS ·|· ...	derantibus diem Domini : ad quid eam vobis ?......	ἡμέραν Κυρίου· ἵνα τί αὕτη ὑμῖν......
....	....	....

vii. 2

HErBAm terrae ·|· dixi :	herbam terrae, dixi :	τὸν χόρτον τῆς γῆς, καὶ εἶπα
Domine Deus propitiuseSTO	Domine Deus propitius esto,	Κύριε Κύριε, ἵλεως γενοῦ·
obsecro ·|· quis suSCitabit Jacob quia parvu	obsecro : quis suscitabit Jacob quia parvu-	τίς ἀναστήσει τὸν Ἰακώβ; ὅτι ὀλιγοστός ἐστιν·

vii. 3

LUSEST ·|· MISErtus est DN̄S super hoc : Non erit	lus est? Misertus est Dominus super hoc: Non erit	μετανόησον, Κύριε, ἐπὶ τούτῳ. καὶ τοῦτο οὐκ

vii. 4

DIXit Dominus ·|· Haec osTEN	dixit Dominus. Haec osten-	ἔσται, λέγει Κύριος. Οὕτως
DIT mihi Dm Ds ·|· et ecce vocabat	dit mihi Dominus Deus : et ecce vocabat	ἔδειξέν μοι Κύριος, καὶ ἰδοὺ
iUDICIUMAD ignEM DN̄S ds̄ ·|· et devorabIT	judicium ad ignem Dominus Deus : et devo- rabit	ἐκάλεσεν τὴν δίκην ἐν πυρὶ Κύριος, καὶ κατέφαγε
abySSUM mulTAM et comedit simul partem ·|·	abyssum multam, et comedit simul partem.	τὴν ἄβυσσον τὴν πολλήν, καὶ κατέφαγεν τὴν μερίδα Κυρίου.

vii. 5

ET dIXidN̄ED̄SQUIESCE	Et dixi : Domine Deus quiesce,	καὶ εἶπα Κύριε, κόπασον δή·
OBSECRO ·|· QUISSUsci TABIT IACOBQUIAPAr	obsecro : quis susci- tabit Jacob, quia par-	τίς ἀναστήσει τὸν Ἰακώβ; ὅτι ὀλιγοστός ἐστιν·

vii. 6

UULUSEST·|·MISERTUS qUOQUEESTDN̄SD̄SET INHOc ·|· SEDIStud non	vulus est ? Misertus est Dominus super hoc : sed et istud non	μετανόησον, Κύριε, ἐπὶ τούτῳ. καὶ τοῦτο οὐ μὴ γένηται, λέγει Κύριος.

vii. 7

Erit dixit D̄N̄S̄D̄S̄ ·⫶· HAEC	erit, dixit Dominus Deus. Haec	Οὕτως ἔδειξέν μοι
OSTENDITMIHI ÷ ETECCED̄N̄S̄ STANS SUPER	ostendit mihi Dominus et ecce Dominus stans super	Κύριος, καὶ ἰδοὺ ἑστηκὼς ἐπὶ τείχους ἀδαμαντίνου,
MURUM litum ·⫶· ET in MANUEIUSTRULla caementarii.	murum litum, et in manu ejus trulla caementarii.	καὶ ἐν τῇ χειρὶ αὐτοῦ ἀδάμας

....

ix. 5

		Cod. Weing.
et ascenDetsicut RIUUS omnis ·⫶· et defluet	et ascendet sicut rivus omnis et defluet	et ascendet sicut flumen consummatio ejus et descendet
sicut fluvius AE ix. 6	sicut fluvius Ae-	sicut flumen Aegypti ·
gypti ·⫶· qui aediFICATIN coelo ascensionem suam ·⫶· et fasciculum suum super terram fundavit ·⫶· qui vOCAT aquas maris et EFFun dit eas ·⫶· super FACIEM terrae d̄m̄s noMEN ix. 7	gypti. Qui aedificat in coelo ascensionem suam, et fasciculum suum super terram fundavit : qui vocat aquas maris et effun- dit eas super faciem terrae, Dominus nomen	Qui aedificat in coelum ascensionem suam · et repromissionem suam super terram fundat qui advocat aquam maris et effun- det eam super faciem terrae, d̄m̄s nomen
ejus ·⫶· Numquid non UTFILIIAETIOPUMUos es TISMIHIFILIIIS̄LAITD̄n̄s̄ ·⫶·	ejus. Numquid non ut filii Aethiopum vos es- tis mihi, filii Israel ait Dms ?	est ei. Nonne sicut fili aethiopum vos es- tis mihi, fili istrahel, dicit
NUMQUITNONiS̄LAScen	numquid non Israel ascen-	d̄m̄s. Nonne istrahel reduxi
DEREFECiDETERRA ae	dere feci de terra Ae-	ex aegypto · et alieni- genas
GYPTIETPALESTINOs dECAPPADOCIA ·⫶· ETSyros ix. 8	gypti : et Palaesthinos de Cappadocia, et Syros	ex Cappadocia · et Syros de fovea ·
DECYRENE ·⫶·—ECce oculi DOMINI D̄IsUPERREGNUm	de Cyrene ? Ecce oculi Domini Dei super reg- num	Ecce oculi d̄m̄i dei super regnum
PECCANS ·⫶· ETCONTERam ILLUTAFACIETERRAE ·⫶· VERUMTAMENCONte RENSNoNCONTERAM	peccans et conteram illud a facie terrae : Verumtamen conte- rens non conteram	peccatorum · et auferam illud a facie terrae · adtamen in consumma- tionem non auferam

....

It will be seen at once from this comparison that the Vatican fragment runs almost letter for letter with the Vulgate, whereas it offers some considerable variations from the LXX. and Cod. Weingartensis. The only two variations, other than scribal, between the Vulgate and the Vat. fragment are:

vii. 6.   Misertus est Dominus super hoc.   (Vulg.)
          Misertus quoque est D͞m͞s. D͞s. et in hoc.   (Vat.)
vii. 7.   Haec ostendit mihi Dominus.   (Vulg.)
          Haec ostendit mihi.   (Vat.)

In both cases it is the Vulgate that is supported by the LXX. On the other hand, to take only the verses from Chap. ix., which we have in the Weingarten Codex, the variations between Cod. Weing. and the Vat. fragment, which is here identical with the Vulgate, seem to point decisively to the latter having a Vulgate and not an O.L. text:

ix. 5.   et ascendet sicut rivus omnis et defluet sicut fluvius Aegypti. (Vat.) et ascendet sicut flumen consummatio ejus et descendet sicut flumen Aegypti. (Weing.) It is true that in this verse almost the whole of the Vat. fragment has had to be emended, but it is clear that there is not sufficient space in the lines of Vat. for the Weing. reading to have got into them; the number of letters in the first three lines of verses are: Vat. 20 14 14; Weing. 21 26 18, the average number of letters in a line of the Vat. fragment is 16. But to take other examples, in ix. 7, 8 (in which the Vat. frag. is almost intact) we have the following:

Vat. ait d͞m͞s. *Weing.* dicit d͞m͞s. *Vat.* numquid non. *Weing.* nonne. *Vat.* ascendere feci de terra Aegypti. *Weing.* reduxi ex Aegypto. *Vat.* de Cyrene. *Weing.* de fovea. *Vat.* regnum peccans. *Weing.* regnum peccatorum. *Vat.* conteram. *Weing.* auferam. *Vat.* verumtamen conterens non conteram. *Weing.* adtamen in consummationem non auferam.

In each of these instances Vat. is identical with the Vulgate. Moreover, in comparing Vat. with the LXX. one is immediately struck by the dissimilarity between the two, so extremely unlike what is the case with the O.L. and the LXX.; e.g. v. 16 ὁδοις, Vat. quae foris sunt, the O.L. would have had viis, so too in v. 17 ὁδοις, Vat. vineis; in vii. 5 δη is rendered by Vat. obsecro, O.L. in other places renders itaque, etc. One may therefore be justified in regarding the text of these fragments as Vulgate and not O.L.

II.   The Manuscript evidence may be supplemented by patristic quotations, which are fairly numerous, in writings which belong to a period anterior to the time when the Vulgate rose to pre-eminence. The quotations in these writings "constitute a not less important province of Old Latin evidence than the extant MSS, not only furnishing landmarks for the investigation of the history of the version, but preserving numerous verses and passages in texts belonging to various ages and in various stages of modification[1]."

III.   The fragments of the Old Latin version which exist in MSS. of the Vulgate (on the margins).

Unfortunately the material classed under the two last heads has not yet been to any large extent made available for students. The patristic texts still await critical editions[2]; and the evidence of the Vulgate MSS. in this department has hardly yet begun to be printed.   Exceptions must, however, be made in favour of the quotations (all from the O.L. version) which exist in the *Rules of Tyconius,* and are accessible to students in the invaluable edition of that work edited by Mr Burkitt[3], also Hartel's edition of *Cyprian* and of *Luc. of Cagl.,* and Weihrich's edition of the *Speculum*[4]. The evidence from these sources (so far as concerns our present purpose) will be set forth below together with the MS. evidence.

Before, however, exhibiting in collective form the O.L. text of *Amos,* so far as it is available, a brief word should here be said of the general characteristics of the text as a whole.   These can best be described in the words of Fritzsche, as cited by Nestle in the most recent edition of Herzog's *Realencyklopädie*[5]:

"The version is painfully literal and therefore very awkward and re-sourceless ; the diction exhibits the linguistic decadence of the second century.   It is characterized by a mixture of forms and words from the popular language, and by provincialisms.   The laborious efforts of the translator to secure literalness (cf. e.g. in nihil facti sunt εις κενον εγενοντο,

---

[1]   Westcott and Hort, *New Testament in Greek*, Intr. p. 83.
[2]   A revision of Sabatier's great work is promised by the Munich Academy. (Swete.)
[3]   *The Rules of Tyconius*, by F. C. Burkitt, Cambridge.
[4]   Vols. iii., xiv., xii. of CSEL Vienna.
[5]   Article: *Bibelübersetzungen*, Lateinische.   Bd. iii. s. 35.

a modo αpo του νυν, ut quid ινα τι, si interrogative for ει) are especially marked in composite words. Greek compounds are translated with slavish faithfulness, cf. e.g. conrecumbentes συνανακειμενοι, perexsiccare καταξηραινειν, pervindemiare αποτρυγαν, resalvari ανασωζεσθαι, perdiviserunt κατεδιειλαντο. Even Latin verbs and prepositions have to accommodate themselves to the case of the original text, cf. e.g. oboedierint mei μου, praecinctam cilicium περιεζωσμενην σακκον, operuit se cilicium περιεβαλετο σακκον. A number of Greek and Hebrew words appear in a Latinized form, e.g. abyssus, baddin βαδδιν, cataclysmus, chrisma, erysibe ερυσιβη, holocaustum, lygyrium λυγυριον, ophaz ωφαζ, orphanus, paradisus, rhomphaea, sardius σαρδιος, tharsis θαρσις, chimarri χειμαρροι, epicharma επιχαρμα; compare also canopy in konopeum from κωνωπειον Judith x. 19.

A few further examples may be given in order to form some idea of the language.

FORMS: praevaricar*e*, demolir*e*, lamentar*e*, scruta*vit*, paenitebi*tur* deus, odiet*ur*, odi*vi*, odi*entibus*, avert*uit*, prod*iés*, praeter*iés*, flori*et*, abscons*us*, pregn*ates*, pascu*ae*, mala μηλον, extens*a* for extentio, ret*iam* for rete, cubil*is* suus, ficulne*as* meas συκας μου, altar*ium*, jusjuramentum.

WORDS: concupiscibilis, confixio, confractio συγκλασμος, confortare ενισχυειν, contribulare, contribulatio, tribulatio, derisorius, evaginatio, exterminium αφανισμος, exalbare, justificare, justificationes δικαιωματα, muratus, perditio απωλεια, profetizare, reaedificare, salvare, salvator Jon. ii. 10, superintrare.

SIGNIFICATIONS: incredibilis faithless, memorari and rememorari alicujus, to think of some one, diminuit ωλιγωθη, exorare εξιλασκεσθαι, exoratio εξιλασμος, exterminata est ηφανισθη, maleficia φαρμακα, substantia belongings.

CONSTRUCTIONS: obaudire aliquem, suptus eum, vestem se dispoliabunt, zelatus, est legem, benedixit illam, eum nocuit, comitabantur cum illo, facite eos recumbere, conloquebantur illi, gratulamini mecum.

Abundant materials will be found in H. Rönsch's *Itala und Vulgata*."

We now proceed to give in full all the fragments of the book of Amos available, together with the corresponding verses of the LXX. (B), for purposes of comparison.

Old Latin.	*Septuagint (B).*
Chap. i.	
Rules of Tyconius.	
1 Sermones Amos quos vidit super Hierusalem.	Λόγοι ʼΑμὼς οἳ ἐγένοντο ἐν ʼΑκκαρεὶμ ἐν Θεκουε, οὓς εἶδεν ὑπὲρ ʼΙερουσαλὴμ ἐν ἡμέραις ʼΟζείου βασιλέως ʼΙούδα καὶ ἐν ἡμέραις ʼΙεροβοὰμ τοῦ ʼΙωὰς βασιλέως ʼΙσραήλ, πρὸ δύο ἐτῶν τοῦ σεισμοῦ.

Old Latin.

3 In tribus impietatibus Damasci et in quattuor non aversabor eam, eo quod secabant serris ferreis in utero habentes.

11 In tribus impietatibus Idumaeae et in quattuor non aversabor eam, propter quod persecutus est in gladio fratrem suum......

Chap. v.

Cod. Weingart.

24...............................
.........rivus sine via.

25 Numquid victimas et hostias optulisti mihi XL. annis domus istrahel.

26 et suscepistis tabernaculum Moloch et sidus dei vestri rempham· figuras eorum quas fecistis vobis.

27 et transferam vos in illa damascum dicit dm̄s. dē. omnipotens nomen est ei.

Chap. vi.

1 Vae illis qui spernunt sion· et confident in montem samariae pervindemiaverunt initia gentium et superintraverunt in eis domus istrahel.

2 transite omnes et videte et egredimini inde in samarhabam· et descendite in geth alienigenarum· quae sunt optimae ex omnibus regnis eorum·

Septuagint (B).

Ἐπὶ ταῖς τρισὶν ἀσεβείαις Δαμασκοῦ καὶ ἐπὶ ταῖς τέσσαρσιν οὐκ ἀποστραφήσομαι αὐτόν, ἀνθ' ὧν ἔπριζον πρίοσιν σιδηροῖς τὰς ἐν γαστρὶ [Γ] ἐχούσας τῶν ἐν Γαλαάδ.

[B] Ἐπὶ ταῖς τρισὶν ἀσεβείαις τῆς Ἰδουμαίας καὶ ἐπὶ ταῖς τέσσαρσιν οὐκ ἀποστραφήσομαι αὐτούς, ἔνεκα τοῦ διῶξαι αὐτοὺς ἐν ῥομφαίᾳ τὸν ἀδελφὸν αὐτοῦ......

....
.........χειμάρρους ἄβατος.

μὴ σφάγια καὶ θυσίας προσηνέγκατέ μοι ἐν τῇ ἐρήμῳ μ' ἔτη, οἶκος Ἰσραήλ ;

καὶ ἀνελάβετε τὴν σκηνὴν τοῦ Μολὸχ καὶ τὸ ἄστρον τοῦ θεοῦ ὑμῶν Ῥαιφάν, τοὺς τύπους αὐτῶν οὓς ἐποιήσατε ἑαυτοῖς ;

καὶ μετοικιῶ ὑμᾶς ἐπέκεινα Δαμασκοῦ, λέγει Κύριος, ὁ θεὸς ὁ παντοκράτωρ ὄνομα αὐτῷ.

Οὐαὶ τοῖς ἐξουθενοῦσιν Σειὼν καὶ τοῖς πεποιθόσιν ἐπὶ τὸ ὄρος Σαμαρείας· ἀπετρύγησαν ἀρχὰς ἐθνῶν, καὶ εἰσῆλθον αὐτοὶ οἶκος τοῦ Ἰσραήλ.

διάβητε πάντες καὶ ἴδετε καὶ διέλθατε ἐκεῖθεν εἰς Ἐμὰθ Ῥαββά, καὶ κατάβητε ἐκεῖθεν εἰς Γὲθ ἀλλοφύλων, τὰς κρατίστας ἐκ πασῶν τῶν βασιλειῶν τούτων,

Old Latin.	Septuagint (B).

Cod. Weingart.

si plures sunt fines eorum quam vestri sunt fines.

3 qui optastis in diem malum qui acceditis et tangitis sabbatis falsis.

4 qui dormitis in lectis eburneis et luxuriamini in stragulis[1] eorum· qui manducatis haedos de gregibus· et vitulos de medio armento lactantes,

5 qui plauditis ad vocem organorum· sicut permanentia aestimaverunt et non sicut fugientia,

6 qui bibitis liquatum[2] vinum et primis unguentis unguemini· et passi sunt nihil contribulatione[3] ioseph;

7 Propter hoc nunc captivi erunt ab initio potentium· et auferetur hinnitus equorum ex efrem.

8 quoniam juravit dm̄s. per semet ipsum quoniam ego abominor omnem injuriam iacob et regiones ejus odi et auferam...

Chap. vii.

(*Fragm. Stutgard.*)

13 ....
.........et domus regni erit.

14 Et respondit Amos et dixit ad Amessiam· non eram profeta neque filius profetae sum

εἰ πλέονα τὰ ὅρια αὐτῶν ἐστιν τῶν ὑμετέρων ὁρίων.

οἱ ἐρχόμενοι εἰς ἡμέραν κακήν, οἱ ἐγγίζοντες καὶ ἐφαπτόμενοι σαββάτων ψευδῶν,

οἱ καθεύδοντες ἐπὶ κλινῶν ἐλεφαντίνων καὶ κατασπαταλῶντες ἐπὶ ταῖς στρωμναῖς αὐτῶν, καὶ ἔσθοντες ἐρίφους ἐκ ποιμνίων καὶ μοσχάρια ἐκ μέσου βουκολίων γαλαθηνά,

οἱ ἐπικροτοῦντες πρὸς τὴν φωνὴν τῶν ὀργάνων, ὡς ἑστηκότα ἐλογίσαντο καὶ οὐχ ὡς φεύγοντα·

οἱ πίνοντες τὸν διυλισμένον οἶνον, καὶ τὰ πρῶτα μύρα χριόμενοι, καὶ οὐκ ἔπασχον οὐδὲν ἐπὶ τῇ συντριβῇ Ἰωσήφ.

διὰ τοῦτο νῦν αἰχμάλωτοι ἔσονται ἀπ᾽ ἀρχῆς δυναστῶν, καὶ ἐξαρθήσεται χρεμετισμὸς ἵππων ἐξ Ἐφραίμ.

ὅτι ὤμοσεν Κύριος καθ᾽ ἑαυτοῦ διότι βδελύσσομαι ἐγὼ πᾶσαν τὴν ὕβριν Ἰακώβ, καὶ τὰς χώρας αὐτοῦ μεμίσηκα καὶ ἐξαρῶ......

....
......καὶ οἶκος βασιλείας ἐστίν.

καὶ ἀπεκρίθη Ἀμὼς καὶ εἶπεν πρὸς Ἀμασίαν Οὐκ ἤμην προφήτης ἐγὼ οὐδὲ υἱὸς προφήτου,

---

[1] deliciamini super thoros (*Spec.*).   [2] saccatum (*Spec.*).
[3] et non dolebant nihil in interitum (*Spec.*).

Old Latin.

ego· Sed pastor eram caprarum bellicans mora[1].

15 et adsumpsit me dm̄s. de ovibus et dixit dm̄s. ad me· vade et profetare in plebem[2] istrahel.

16 Et nunc audi verbum dm̄i. tu dicis non profetabis in istrahel· et non congregabis turbas in domum iacob[3].

17 Propter hoc haec dicit dm̄s. ds̄. uxor tua in civitate prostabit· et filii tui et filiae tuae gladio decident· et terra tua funiculo metibitur· et tu in terram immundam morieris· istrahel autem captivus ducetur a terra sua[4].

Chap. viii.

1 Sic ostendit mihi dm̄s. ds̄. et ecce vas aucupis, et dixit dm̄s ad me· quid tu vides Amos, et dixi vas aucupis·

2 et dixit dm̄s. ad me· venit consummatio vere super populum meum istrahel· jam non adiciam ut praeteream eum.

3 et ululabunt fundamenta templi in illa die dicit dm̄s. prostratorum numerus immensus in omni loco proiciam silentium.

4 Audite itaque haec qui contribulatis[5] in mane pauperes.

Septuagint (B).

ἀλλ᾽ ἢ αἰπόλος ἤμην καὶ κνίζων συκάμινα.

καὶ ἀνέλαβέν με Κύριος ἐκ τῶν προβάτων, καὶ εἶπεν Κύριος πρὸς μέ Βάδιζε, προφήτευσον ἐπὶ τὸν λαόν μου Ἰσραήλ.

καὶ νῦν ἄκουε λόγον Κυρίου Σὺ λέγεις Μὴ προφήτευε ἐπὶ τὸν Ἰσραήλ, καὶ οὐ μὴ ὀχλαγωγήσεις ἐπὶ τὸν οἶκον Ἰακώβ.

διὰ τοῦτο τάδε λέγει Κύριος Ἡ γυνή σου ἐν τῇ πόλει πορνεύσει, καὶ οἱ υἱοί σου καὶ αἱ θυγατέρες σου ἐν ῥομφαίᾳ πεσοῦνται, καὶ ἡ γῆ σου ἐν σχοινίῳ καταμετρηθήσεται, καὶ σὺ ἐν γῇ ἀκαθάρτῳ τελευτήσεις, ὁ δὲ Ἰσραὴλ αἰχμάλωτος ἀχθήσεται ἀπὸ τῆς γῆς αὐτοῦ.

Οὕτως ἔδειξέν μοι κύριος Κύριος, καὶ ἰδοὺ ἄγγος ἰξευτοῦ· καὶ εἶπεν Τί σὺ βλέπεις, Ἀμώς ; καὶ εἶπα Ἄγγος ἰξευτοῦ.

καὶ εἶπεν Κύριος πρὸς μέ Ἥκει τὸ πέρας ἐπὶ τὸν λαόν μου Ἰσραήλ, οὐ προσθήσω ἔτι τοῦ παρελθεῖν αὐτόν.

καὶ ὀλολύξει τὰ φατνώματα τοῦ ναοῦ ἐν ἐκείνῃ τῇ ἡμέρᾳ, λέγει κύριος Κύριος· πολὺς ὁ πεπτωκὼς ἐν παντὶ τόπῳ, ἐπιρρίψω σιωπήν.

Ἀκούσατε δὴ ταῦτα οἱ ἐκτρίβοντες εἰς τὸ πρωὶ πένητα,

---

[1] om mora (*Luc. Cagl.*).　　[2] in plebem meam (*Luc. Cagl.*).
[3] et non congregabitur in domo iacob (*Luc. Cagl.*).
[4] in terram suam (*Luc. Cagl.*).　　[5] opprimitis (*Spec.*).

Old Latin.

et dissoluitis[1] mediocres[1] a terra,

5 dicentes quando transeat messis ut[2] adquiramus· et sabbata et aperiamus thensauros ut faciamus mensuram minorem· et ut ampliemus[3] pondus et faciamus stateram iniquam.

6 ut possideamus pecunia[4] pauperes· et humilem[5] pro calciamentis· et ab omni negotis[6] mercabimur,

7 Jurat dm̄s. per[7] superbiam iacob· si obliviscetur in vincendo[8] omnia opera vestra· [9]

8 et in[10] his conturbabitur terra et lucebit omnis[11] qui commoratur[12] in ea: et ascendet sicut flumen consummatio· et descendet sicut flumen aegypti,

9 Et erit in illo die dicit dm̄s:

Weing.	*Tyc.*
occidet sol meridie et contenebrescet super terram dies lucis.	occidet sol meridie et tenebricabit super terram dies luminis.

10 et convertam dies solemnes[13] vestros in luctum· et omnia cantica vestra in planctum·[14] et iniciam in omnem lumbum

Septuagint (B).

καὶ καταδυναστεύοντες πτωχοὺς ἀπὸ τῆς γῆς,

λέγοντες Πότε διελεύσεται ὁ μὴν καὶ ἐμπολήσομεν, καὶ τὰ σάββατα καὶ ἀνοίξομεν θησαυρὸν τοῦ ποιῆσαι μικρὸν μέτρον, καὶ τοῦ μεγαλῦναι στάθμιον καὶ ποιῆσαι ζυγὸν ἄδικον,

τοῦ κτᾶσθαι ἐν ἀργυρίῳ καὶ πτωχοὺς καὶ ταπεινὸν ἀντὶ ὑποδημάτων, καὶ ἀπὸ παντὸς γενήματος ἐμπορευσόμεθα;

ὀμνύει Κύριος κατὰ τῆς ὑπερηφανίας Ἰακώβ Εἰ ἐπιλησθήσεται εἰς νῖκος πάντα τὰ ἔργα ὑμῶν,

καὶ ἐπὶ τούτοις οὐ ταραχθήσεται ἡ γῆ, καὶ πενθήσει πᾶς ὁ κατοικῶν ἐν αὐτῇ, καὶ ἀναβήσεται ὡς ποταμὸς συντέλεια, καὶ καταβήσεται ὡς ποταμὸς Αἰγύπτου.

καὶ ἔσται ἐν ἐκείνῃ τῇ ἡμέρᾳ, λέγει κύριος Κύριος,

καὶ δύσεται ὁ ἥλιος μεσημβρίας, καὶ συσκοτάσει ἐπὶ τῆς γῆς ἐν ἡμέρᾳ τὸ φῶς·

καὶ μεταστρέψω τὰς ἑορτὰς ὑμῶν εἰς πένθος, καὶ πάσας τὰς ᾠδὰς ὑμῶν εἰς θρῆνον, καὶ ἀναβιβῶ ἐπὶ πᾶσαν ὀσφὺν

---

[1] uiolatis (*Spec.*) inopes.   [2] ut vendentes adq. (*Spec.*).
[3] adampliemus (*Spec.*).   [4] -iam (*Spec.*).   [5] inopes (*Spec.*).
[6] negotio (*Spec.*).   [7] adversus (*Spec.*).   [8] om in vincendo (*Spec.*).
[9] ejus (*Spec.*).   [10] pro (*Spec.*).   [11] lugebunt omnes (*Spec.*).
[12] habitant (*Spec.*).   [13] festes (*Cypr.*).   [14] lamentationem (*Cypr.*).

Old Latin.	Septuagint (B).

cilicium et in omne caput decaluationem· et ponam eum sicut luctum dilecti· et eos qui cum eo ‖ sunt sicut diem doloris. ‖ *Cod. Weingart.* (Fragm. Fuldens.)

11 Ecce dies venient[1] dicit dn͞s. et inmittam famem super terram, non famem panis neque sitim aquae sed famem ad audiendum verbum dm͞i.

12 et movebuntur aquae usque ad mare et ab aquilone usque ad orientem[2] percurrent[3] quaerentes verbum dm͞i. et non invenient.

13 In illo die dificient virgines bonae et juvenes electi in sitim.

14 jurantes per propitiationem samariae et dicentes vivit d͞s. tuus Dan et vivit d͞s. tuus Bersabee, et cadent et non resurgent umquam.

Chap. ix.

1 Vidi dom͞. stantem super altare et dixit mihi feri super propitiatorium; et movebuntur luminaria; et concide in capita omnium; et.........

5.........et lugebunt omnes commorantes in ea et ascendet sicut flumen consummatio ejus

σάκκον, καὶ ἐπὶ πᾶσαν κεφαλὴν φαλάκρωμα, καὶ θήσομαι αὐτὸν ὡς πένθος ἀγαπητοῦ, καὶ τοὺς μετ᾽ αὐτοῦ ὡς ἡμέραν ὀδύνης.

ἰδοὺ ἡμέραι ἔρχονται, λέγει Κύριος, καὶ ἐξαποστελῶ λιμὸν ἐπὶ τὴν γῆν, οὐ λιμὸν ἄρτων οὐδὲ δίψαν ὕδατος, ἀλλὰ λιμὸν τοῦ ἀκοῦσαι λόγον Κυρίου.

καὶ σαλευθήσονται ὕδατα τῆς θαλάσσης, καὶ ἀπὸ βορρᾶ ἕως ἀνατολῶν περιδραμοῦνται ζητοῦντες τὸν λόγον Κυρίου, καὶ οὐ μὴ εὕρωσιν.

ἐν τῇ ἡμέρᾳ ἐκείνῃ ἐκλείψουσιν αἱ παρθένοι αἱ καλαὶ καὶ οἱ νεανίσκοι ἐν δίψει,

οἱ ὀμνύοντες κατὰ τοῦ ἱλασμοῦ Σαμαρείας, καὶ οἱ λέγοντες Ζῇ ὁ θεός σου, Δάν, καὶ ζῇ ὁ θεός σου, Βηρσάβεε, καὶ πεσοῦνται καὶ οὐ μὴ ἀναστῶσιν ἔτι.

Εἶδον τὸν Κύριον ἐφεστῶτα ἐπὶ τοῦ θυσιαστηρίου, καὶ εἶπεν Πάταξον ἐπὶ τὸ ἱλαστήριον καὶ σεισθήσεται τὰ πρόπυλα, καὶ διάκοψον εἰς κεφαλὰς πάντων· καὶ............

.........καὶ πενθήσουσιν πάντες οἱ κατοικοῦντες αὐτήν, καὶ ἀναβήσεται ὡς ποταμὸς συντέλεια

---

[1] veniunt (*Spec.*).   [2] austrum (*Spec.*).

[3] *om* percurrent (*Spec.*). Other passages occurring in the *Speculum* are: ii. 4, 6—9, v. 4, 6, 8, 10—12, 14, 15, 18—20, in *Cyprian* iv. 7, 8, v. 6, in *Luc. Cagl.* v. 7, vii. 10—17, in *Coll. Carth.* vii. 10.

Old Latin.	Septuagint (B).
et descendet sicut flumen aegypti.	αὐτῆς, καὶ καταβήσεται ὡς ποταμὸς Αἰγύπτου·
6 Qui aedificat in coelum ascensionem suam· et repromissionem suam super terram fundat qui advocat aquam maris et effundat eam super faciem terrae dm̄s nomen est ei.	ὁ οἰκοδομῶν εἰς τὸν οὐρανὸν ἀνάβασιν αὐτοῦ καὶ τὴν ἐπαγγελίαν αὐτοῦ ἐπὶ τῆς γῆς θεμελιῶν, ὁ προσκαλούμενος τὸ ὕδωρ τῆς θαλάσσης καὶ ἐκχέων αὐτὸ ἐπὶ πρόσωπον τῆς γῆς· Κύριος Παντοκράτωρ ὄνομα αὐτῷ.
7 Nonne sicut fili aethiopum vos estis mihi fili istrahel dicit dm̄s. nonne istrahel reduxi ex aegypto· et alienigenas ex cappadocia· et syros de fovea·	οὐχ ὡς υἱοὶ Αἰθιόπων ὑμεῖς ἐστε ἐμοῦ, υἱοὶ Ἰσραήλ; λέγει Κύριος· οὐ τὸν Ἰσραὴλ ἀνήγαγον ἐκ γῆς Αἰγύπτου, καὶ τοὺς ἀλλοφύλους ἐκ Καππαδοκίας, καὶ τοὺς Σύρους ἐκ βόθρου;
8 ecce oculi dm̄i. dei. super regnum peccatorum· et auferam illud a facie terrae· adtamen in consummationem non auferam iacob dicit dm̄s.	ἰδοὺ οἱ ὀφθαλμοὶ Κυρίου τοῦ θεοῦ ἐπὶ τὴν βασιλείαν τῶν ἁμαρτωλῶν, καὶ ἐξαρῶ αὐτὴν ἀπὸ προσώπου τῆς γῆς· πλὴν ὅτι οὐκ εἰς τέλος ἐξαρῶ τὸν οἶκον Ἰακώβ, λέγει Κύριος.
9 propter quod ecce ego praecipio et tritu................. ....ooo.......	διότι ἐγὼ ἐντέλλομαι καὶ λικμήσω..................... ....

We proceed now to a detailed examination of the text.

i. 1.   The short form of the title is remarkable, and evidently more original than either the M.T. or the present LXX. (B).   It may, with great probability, be inferred that an earlier form of the LXX. underlies this of which our present LXX. is an expansion. The original title would then run in Greek:

Λογοι Αμως ους ειδεν υπερ Ιερουσαλημ.

Both O.L. and LXX. agree in reading Ιερουσαλημ for the שׂראל of the M.T.; it is evident that the original LXX. read Ιερουσαλημ, though this is undoubtedly wrong.   The O.L. reading gets rid of a serious difficulty in the M.T., and points unmistakeably to the presence of insertions made in the original form of the latter.

i. 3. *in utero habentes*: LXX. τας εν γαστρι [Γ] εχουσας των εν Γαλααδ: M.T. reads simply אֶת־גִּלְעָד: it looks as though the LXX. here had been expanded from verse 13 (M.T. הֲרוֹת הַגִּלְעָד); הָרוֹת though supported by the O.L. can hardly be original here as דוּשׁ is quite unsuitable in such a connection; verse 13 has the ordinary term in this connection, viz. בְּקָע.

i. 11. *non aversabor eam*: LXX. (BA Hes.) ουκ αποστραφη-σομαι αυτους: Luc. αυτην: the Vulg. *eum* agrees with M.T. נוּ. It is interesting to notice here that O.L. and Luc. agree against all other authorities. Perhaps αυτους here is a corruption of αυτου, see verse 3 where the same phenomenon occurs. Probably both here and in verse 3 a reading אֲשִׁיבֶנָּה is implied (instead of M.T. נוּ) which may be original. A reference to an unexpressed or vaguely defined subject or object is often expressed in Hebrew by the feminine.

propter quod persecutus est: LXX. ενεκα του διωξαι αυτους: Luc. αυτον: M.T. רְדָפוֹ. Here again O.L. and Luc. preserve the original LXX. text. The αυτους of BA Hes. cannot possibly be right ("because *they* pursued *his* brother"); perhaps it arose under the influence of the previous αυτους.

v. 25. *optulisti*: all the other authorities agree in reading the 2nd plur., as the O.L. itself does in the two following verses; this must therefore be a corruption of the O.L. text, *optulisti* for *optulistis*.

v. 26. The O.L. agrees with the order of the LXX., as might be expected, against M.T.: the LXX. seems to have read:

וּנְשָׂאתֶם אֶת־סַכַּת מֶלֶךְ [מַלְכְּכֶם] וְאֵת כּוֹכַב אֱלֹהֵיהֶם רִיּוּן (?)

צַלְמֵיכֶם אֲשֶׁר...

M.T.: וּנְשָׂאתֶם אֵב־סִכּוּת מַלְכְּכֶם וְאֵת כִּיּוּן צַלְמֵיכֶם כּוֹכַב אֱלֹהֵיכֶם

אֲשֶׁר...

The O.L. supports the spelling *Rempham*, which closely agrees with the spelling Ρεμφαν read by the two Luc. MSS. 95 185; this might possibly point to a reading רִמּוֹן = Ρεμμαν (is Ρεμφαν a phonetic variation of Ρεμμαν?). BΛ read Ραιφαν (so also all the

Hes. MSS. except Q which has the variation Ρεφαν) which most modern scholars think ought to be corrected to Καιφαν = M.T. כִּיּוּן.

v. 27. *in illa*: LXX. επεκεινα: a case of extreme literalness, the Greek compound being resolved. (See other instances quoted above from Fritzsche.)

Damascum = Δαμασκου: it looks as if the O.L. misread the Greek Δαμασκον (?).

vi. 1. *in eis*: Luc. εν αυταις pler., and εν αυτοις: the αυτοι of BA is probably a corruption. M.T. לָהֶם.

vi. 2. *omnes*: LXX. παντες = M.T. כלנה (read as כֻּלָּם or בְּכֻלְּכֶם ?). Luc. reads παντες...εις Χαλαννην, a conflation naturally absent from O.L.

in samarhabam: probably a corruption of *in samathrabam* = εις σεμαθ ραββα, a case of dittography of σ; that this corrupt reading existed in the LXX. is shown by the readings of the two Luc. MSS. 62 147 which read εις σημαθ. The MSS. show considerable variation.

et descendite: BA και καταβητε εκειθεν: Q and four other Hes. and two Luc. MSS. εκειθεν, which is not represented by the M.T. Was εκειθεν accidentally repeated from the previous clause? Or possibly it was added for the sake of symmetry in the Greek.

quae sunt optimae ex omnibus regnis eorum: BA τας κρατιστας εκ πασων των βασιλειων (βασιλεων A) τουτων: another inept rendering of the Greek, the Latin translator noticing that τας κρατιστας was feminine (quite rightly as it agrees with των βασιλειων following) in spite of the fact that *regnis*, which follows, is in Latin a neuter word.

eorum: BA τουτων: M.T. הָאֵלֶּה: the O.L. apparently misread αυτων for τουτων.

vi. 3. *qui optastis*: LXX. B οι ερχομενοι: AQ ευχομενοι agreeing with O.L., this coincidence is remarkable; ερχομενοι of B (which is also the reading of Luc.) must be a corruption of ευχομενοι, which points to a reading המנדרים for M.T. המנדים. Does this point to an original reading המנדדים? The Qal is used of "fleeing in horror" in Nah. iii. 7. The verb נדה is not very strongly attested, it occurs only in one other doubtful passage, Is. lxvi. 5. The suggested reading, הַמְנֻדִּים, affords a good contrast to the word וְתַגִּישׁוּן ("that make a fugitive of......and bring near.")

et accedis et tangitis: LXX. εγγιζοντες και εφαπτομενοι: a doublet of the usual kind, a combination of variants, the word being read in two ways and then combined: וְתַגִּישׁוּן = εγγιζοντες, וְתַגִּיעוּן = "caused to reach," or "bring near."

sabbatis falsis: LXX. σαββατων ψευδων: the pointing שֶׁבֶת חֹמֶם certainly affords a better parallel to יוֹם רָע than the M.T. שֶׁבֶת חָמָס, the meaning, too, in view of viii. 5, is at least as satisfactory as the ordinarily accepted one.

vi. 4.   *lactantes*: The O.L. has the rather absurd rendering *vitulos lactantes*, the Greek text is neutral (μοσχαρια γαλαθηνα). The M.T. naturally does not represent γαλαθηνα which is unsuitable to עֲגָלִים.

vi. 5.   *qui plauditis*: LXX. οι επικροτουντες = "who applaud": M.T. הַפֹּרְטִים; the meaning of this difficult word is not quite certain, and evidently the LXX. guessed; one MS. (the Luc. 233) reads οι επικρατουντες which looks like a corruption of the Greek text—επικροτειν renders Hebr. מָחָא כַף (Is. lv. 12).

sicut permanentia aestimaverunt et non sicut fugientia: the LXX. rendering of this clause is ως εστηκοτα ελογισαντο και ουχ ως φευγοντα: M.T. כְּדָוִיד חָשְׁבוּ לָהֶם כְּלֵי־שִׁיר; the passage is a difficult one.   If we may assume that εστηκοτα and φευγοντα have been transposed in order to improve the sense (a not unknown occurrence in the LXX.), and that the clause in the LXX. originally ran: ως φευγοντα ελογισαντο και ουχ ως εστηκοτα, the Greek translators may have read the Hebrew text thus: כְּנֹדֵד חָשְׁבוּ וְלֹא כִישֵׁב, which is not far removed from our present M.T. What is certain from these renderings (O.L. and LXX.) is that the translators had a different reading before them from the M.T. כְּדָוִיד.   It may be inferred with great probability that the latter is not original; would David be held up as merely an idle improviser of secular songs?   The context requires that כְּדָוִיד should be an expression of reproach.   An obvious correction is to read כְּלֵי־שִׁיר for כְּלֵי־שִׁיר.

vi. 6. *liquatum vinum*: LXX. τον διυλισμενον οινον: "strained off wine," i.e. "refined," LXX. therefore probably read (יין) בְּמוֹרְקִי instead of בְּמוֹרְקִי.

vi. 7. *et auferetur hinnitus equorum ex efrem*: LXX. και εξαρθησεται χρεμετισμος ιππων εξ Εφραιμ which implies a text: וְסָר מִצְהֲלַת סוּסֵי אֶפְרַיִם, of which the present M.T. might conceivably be a corruption.

vi. 8. The O.L., following the LXX. (BAQ), rightly omits *Dominus Deus exercituum*; its insertion in the M.T. is tautologous.

injuriam: LXX. υβριν: M.T. גָּאוֹן: the O.L. here has misunderstood υβριν.

et regiones ejus: LXX και τας χωρας αυτου: M.T. וְאַרְמְנוֹתָיו, which was misread by the LXX. אַדְמוֹתָיו, a mistake which frequently occurs in *Amos*.

vii. 13. *et domus regni erit*: LXX. και οικος βασιλειας εστιν: O.L. misread LXX. εστιν as εσται.

vii. 14. *non eram profeta*: LXX. ουκ ημην προφητης: M.T. לֹא נָבִיא אָנֹכִי. Is ημην in the LXX. an insertion, added to obviate the apparent difficulty of Amos' assertion that he was not a prophet? A similar reason would account for the insertion in the second clause,—he had been a prophet,—but was one no longer. Cf. an interesting essay of Kraetschmar's on the difference between what he terms "Nebiismus" and "Prophetismus[1]."

pastor caprarum: LXX. αιπολος: M.T. בּוֹקֵר: the LXX. implies the reading נוֹקֵד which is guaranteed as the correct text here by i. 1 (Hebrew); cf. also the next verse which shows that he was a shepherd and not a herdsman: וַיִּקָּחֵנִי יהוה מֵאַחֲרֵי הַצֹּאן.

bellicans: apparently a provincial spelling for *vellicans*, which Vulg. reads.

mora: = "fruit of the mulberry-tree"; a marginal note in *Cod. Weing.* says: "alius sykamina," which is a transliteration of the LXX. συκαμινα.

vii. 15. *in plebem istrahel*: LXX. has επι τον λαον μου Ισραηλ, agreeing with the M.T.; *meam* may have dropped out in the O.L. after *plebem* through homoioteleuton.

---

[1] *Prophet und Seher im alten Israel*, von Richard Kraetschmar, Tübingen 1901.

vii. 16. *et non congregabis turbas*: LXX. καὶ ου μη οχλαγω-
γησεις: M.T. וְלֹא־תֶטֹף. The LXX. probably read וְלֹא־תֶאֱסֹף.

in domum iacob: so LXX., but M.T. reads יִשְׂחָק which is
certainly more original; notice the curious spelling of the Hebrew.

vii. 17. *Dominus Deus*: LXX. Κυριος: M.T. יְהוה: the O.L.
points to a reading אֲדֹנָי אֱלֹהִים (cf. viii. 1), which would suit the
solemn emphasis of this climactic threat.

funiculo metibitur: LXX. εν σχοινιω καταμετρηθησεται: M.T.
has בְּחֶבֶל תְּחֻלַּק. This points to a variant תֻּמַּד for תֵּחָלֵק, which
may be right, cf. Mic. ii. 5 (LXX.): δια τουτο ουκ εσται σοι
βαλλων σχοινιον εν κληρω....

viii. 1. *vas aucupis*: LXX. αγγος ιξευτου: M.T. חֲלוּב קָיִץ: the
LXX. apparently read כְּלִי יוֹקֵשׁ; so again in the next clause;
M.T. is of course right here.

et dixit Dominus ad me: LXX. και ειπεν: M.T. וַיֹּאמֶר: Luc.
agrees with the O.L. here in giving the fuller reading.

viii. 2. *consummatio vere*: O.L. stands alone in the addition
of *vere*.

viii. 3. *fundamenta templi*: LXX. τα φατνωματα του ναου:
M.T. שִׁירוֹת הֵיכָל. The meaning of φατνωματα is problematical;
it is usually supposed to mean the ornamented ceilings or de-
corated tops of the columns, and by many is held to point to
a reading שֻׁרוֹת, which may have been interpreted by the Greek
translators in this sense. The O.L., however, understood φατνω-
ματα to mean *fundamenta*, which suggests שָׁתוֹת as the word
read.

proiciam: LXX. επιρριψω: M.T. הִשְׁלִיךְ which the LXX. read
as אַשְׁלִיךְ.

viii. 4. *itaque*: LXX. δη: there is nothing to represent this
in the M.T.; possibly the LXX. read שִׁמְעוּ־נָא, unless δη is an
improvement added to the Greek.

contribulatis in mane: LXX. οι εκτριβοντες εις το πρωι: M.T.
הַשֹּׁאֲפִים: the LXX. looks like a combination of two ways of
reading the same word: εκτριβοντες = הַשֹּׁפִים, and εις το πρωι
= בַּנֶּשֶׁף (for πρωι = נשׁף, cf. Job vii. 4).

pauperes: LXX. πενητα: M.T. אֶבְיוֹן: is this a corruption for *pauperem*?

viii. 5. *messis*: LXX. μην: a corruption in the O.L. text for *mensis*.

thensauros: LXX. θησαυρον: M.T. בַּר: θησαυρον usually = אֹצָר, never otherwise בַּר; אֹצָר suits the verb נִפְתְּחָה better than בַּר, but the parallelism שֶׁבֶר supports בַּר which is probably right here.

et faciamus stateram iniquam: LXX. και ποιησαι ζυγον αδικον: M.T. וּלְעַוֵּת מֹאזְנֵי מִרְמָה: LXX. read.........וְלַעֲשׂוֹת.

viii. 6. *et ab omni negotio*: LXX. (B Hes.) και απο παντος γενηματος: the Luc. MSS. read και απο πασης πρασεως: a notable coincidence between O.L. and Lucian; πρασις = שֶׁבֶר in Gen. xlii. 1, Neh. x. 31, it = מֶכֶר in Neh. xiii. 16. The M.T. here has וּמִפֹּל בַּר נַשְׁבִּיר; on the basis of Luc. supported by the O.L. we may read the M.T. thus: וּמִכֹּל שֶׁבֶר נַשְׁבִּיר (cf. verse 5 above וְנִשְׁבִּיָה שֶׁבֶר). The reading of B suggests a variant וּמִכֹּל פְּרִי נַשְׁבִּיר; this obviously is not so suitable.

viii. 7. *in vincendo*: a literal rendering of LXX. εις νικος: M.T. לָנֶצַח.

viii. 8. *et in his*: LXX. και επι τουτοις: M.T. ......הַעַל, interrogative.

et lucebit: LXX. και πενθησει: O.L. is a corruption of *lugebit*.

sicut flumen 1°: LXX. ως ποταμος: M.T. כְּאֹר which condemns itself (אוֹר "light," not אֹר), evidently ' has fallen out as the versions suggest, cf. ix. 5.

consummatio: LXX. συντελεια: M.T. כָּלָה: the versions read כָּלָה, cf. ix. 5.

viii. 9. *dies lucis* (*Weing.*): *dies luminis* (*Tyc.*): LXX. (B) εν ημερα το φως: Luc. εν ημερα του φωτος: M.T. בְּיוֹם אוֹר; another instance of the O.L. and Luc. preserving the original text. (Notice that the LXX. has altered the construction, substituting a neuter verb—"in the day the light shall become dark"—for the active of the M.T.—"I will bring darkness on the day." This sort of change is common in the LXX.) In this verse we have what is unfortunately rarely the case,—two independently attested citations of the O.L., which it is interesting to compare, viz. *Cod. Weing.* and *Tyconius*, see text. It will be noticed that the changes are purely verbal, and that they do not affect the sense.

viii. 10. *et ponam eum*: LXX. καὶ θησομαι αυτον: M.T. וּשְׂמְתִיהָ: the versions read וְשַׂמְתִּיהָ. The last clause of the O.L. runs: *et eos qui cum eo*; here another fragment of the MS. begins: *sunt sicut diem doloris*.

viii. 11. *Dominus*: LXX. Κυριος: M.T. אֲדֹנָי יְהוָה.

verbum Domini: LXX. λογον Κυριου: M.T. דִּבְרֵי יְהוָה.

viii. 12. *aquae usque ad mare*: LXX. (B) υδατα της θαλασσης: Hes. υδατα εως θαλασσης: Luc. υδατα απο θαλασσης εως θαλασσης: M.T. מִים עַד־יָם. Evidently the original LXX. reading here was υδατα εως θαλασσης; this is supported by the combined testimony of the O.L., Hes., Luc., though Luc., as might be expected, has a conflate reading, combining a correction made after the M.T. The της, therefore, of B is probably a scribal error for εως.

viii. 13. *juvenes electi*: LXX. οι νεανισκοι; there is nothing to suggest *electi* in the Greek of B, nor in any known MS. reading, though *electi* agrees of course with the Hebrew word בַּחוּרִים; it would seem as if the O.L. pointed to a reading νεανισκοι εκλεκτοι, cf. e.g. Is. xl. 30 where νεανισκοι και εκλεκτοι = M.T. וּבַחוּרִים.

viii. 14. *et vivit deus tuus Bersabee*: LXX. και ζη ο θεος σου βηρσαβεε: M.T. וְחֵי דֶּרֶךְ בְּאֵר־שָׁבַע. The LXX. and O.L. are right, דֶּרֶךְ in the M.T. being a substitute, on doctrinal grounds, for the original אֱלֹהֶיךָ; cf. exactly the opposite process of substitution in Mic. iv. 5, where for the M.T. כִּי כָּל הָעַמִּים יֵלְכוּ אִישׁ בְּשֵׁם אֱלֹהָיו the LXX. has παντες οι λαοι πορευσονται εκαστος την οδον αυτου, substituting την οδον αυτου, on doctrinal grounds, for the M.T. בְּשֵׁם אֱלֹהָיו, in order to avoid attributing personality to an idol.

ix. i. *et dixit mihi*: LXX. και ειπεν: M.T. וַיֹּאמֶר: this addition of *mihi* in the O.L. is supported by no other authority.

feri super propitiatorium: LXX. παταξον επι το ιλαστηριον: M.T. הַךְ הַכַּפְתּוֹר: the LXX. apparently read הַךְ עַל־הַכַּפֹּרֶת.

AQ Hes. read θυσιαστηριον for ιλαστηριον, and four Lucianic MSS. exhibit the same reading, which, however, is probably a correction of the genuine Luc. text.

et concide: LXX. και διακοψον: M.T. וּבְצַעַם: διακοψον in LXX. usually = פרץ, twice = בקע (Jer. lii. 7; ii. Kgs. iii. 26); it never elsewhere renders בצע, and it is doubtful whether בצע can have this meaning; usually the verb is employed only in a metaphorical sense, "to gain by violence wrongfully" (e.g. Ezek. xiii. 27), perhaps (?) LXX. read here בקע. It is more interesting, however, to observe that the final letter of the M.T. בצעם is not represented in the versions; the final ם may possibly be due to dittography of the following ב misread ם. [Lagarde (Prov. v. vi.), however, points M.T. בזעם = בְּצַעַם (Hab. iii. 12) "in wrath."]

ix. 5. *consummatio ejus*: LXX. συντελεια αυτης = כָּלָה instead of M.T. כָּלָה, exactly as in viii. 8. Notice here that the M.T., in the last clause but one, has כיאר, while in viii. 8 this has been corrupted into כאר.

ix. 6. *ascensionem suam*: LXX. την αναβασιν αυτου: M.T. וַאֲגֻדָּתוֹ ("and his vault"), the LXX. connects it with הגיד apparently. [It is interesting to notice that αναβασις and επαγγελια are closely connected in this verse in the LXX., cf. Acts i. 4, where επαγγελια is connected with the Ascension. It is just possible that the use of the word in *Acts* may have been suggested by this passage of the LXX., as there are other evidences of Septuagintal influence in the same chap.]

ix. 7. *ex aegypto*: LXX. εκ γης Αιγυπτου: M.T. מארץ מצרים: the Luc. MS. "22" has εκ της Αιγυπτου, thus agreeing with the O.L.

de fovea: LXX. εκ βοθρου: M.T. מקיר: the LXX. evidently read, wrongly, בור, ב for ק.

ix. 8. *super regnum peccatorum*: LXX. επι την βασιλειαν των αμαρτωλων: M.T. בממלכה החטאה: the LXX. renders freely.

iacob: LXX. τον οικον Ιακωβ: M.T. את־בית יעקוב: the O.L. stands alone here and it is just possible that the O.L. is right (cf. את־יצחק).

ix. 9. *propter quod ecce ego*: LXX. διοτι εγω: M.T. כי הנה
אנכי: all the Luc. MSS., excepting one, and all the Hes. MSS.,
excepting one, agree with the. M.T., and this is supported by
the O.L.

With regard to the marginal glosses in *Cod. Weingartensis*,
while some are of value in determining the meaning of a text,
it cannot be said that the very few which occur in the *Amos*
fragments are of much help. Some are due to the M.T., or rather
to its Latin counterpart in the Vulgate; others presuppose a text
identical with that of the *Weingartensis*; while others, again,
are to be traced to an ancient text which, however, is not the
text of the *Weingartensis*. These glosses are therefore the work
of different hands at different dates, the latest of which are
subsequent to the time of Jerome[1]. The marginal glosses in
Amos are:

vii. 14. bellicans mora] Alius sykamina. [In alex]andrea et
aegypto sunt...mora ess...sicut moros pu...en ficos. hae duriores
sunt. [u]enit agricola. et ferro ante cavernam facit brevem, id
est, incidit ut umor exeat [et] sic maturescunt quae rigebant.
hoc est quod ait uellicans sykamina.

viii. 3. in omni loco proiciam] quasi exclamatio prophetae.

viii. 7. si obliviscetur] id est, memor ero inanitatis vestre.

What is the relation of the O.L. to the Lucianic recension?
One has to go wider afield than the *Amos* fragments to determine
this question, though even here the evidence is of importance; it
may, however, be confidently asserted that the old element in
Lucian can be detected and distinguished in the O.L., and this
is one of the prime reasons of the great value of the O.L.; even in
cases which individually are not important, yet their cumulative
evidence *is* important, and this is emphasized when a valuable
instance occurs. The following are the cases in *Amos* in which
the O.L. and Luc. agree against the LXX.; if we bear in mind

[1] For details of the glosses on the margin of Cod. Weing., cf. Ranke, *Fragm.
Stutg.* pp. 15 seq. and Corssen *Zwei neue Fragmenta* pp. 28—35.

the very literal character of the translation, when instances occur which are not literal, they are important, and especially significant is it when such renderings are supported by Luc. :

i. 3 non aversabor eam	ουκ αποστραφησομαι αυτην
i. 11 non aversabor eam	ουκ αποστραφησομαι αυτην
viii. 1 et dixit Dominus ad me	και ειπεν Κυριος προς με
viii. 6 et ab omni negotio	και απο πασης πρασεως
viii. 9 lucis	του φωτος
ix. 7 ex aegypto	εκ της Αιγυπτου
ix. 9 propter quod ecce ego	διοτι ιδου εγω

The value of the O.L. for purposes of textual criticism is obvious if we compare it with the LXX., for the correction of which it affords valuable evidence; at the same time it is necessary to remember that the value of the O.L. text differs according to the sources from which it is drawn. There can be no possible doubt that *Tyconius* exhibits the O.L. text in its purest form, e.g. Am. i. 1, where we have a remarkable attestation of the true reading; and as Mr Burkitt says: "Of the numerous conflations and interpolations found in 'Lucianic' MSS. there is naturally no trace in *Tyconius*[1]." Therefore every case of a singular reading in the O.L. text deserves careful consideration, especially when one remembers, as has been mentioned above, the slavish way in which the O.L. as a rule follows the LXX.; as an instance of this latter fact compare the following:

vi. 4 qui dormitis in lectis eburneis et luxuriamini in stragulis eorum qui manducatis haedos de gregibus et vitulos de medio armento lactantes.	οι καθευδοντες επι κλινων ελεφαντινων και κατασπαταλωντες επι ταις στρωμναις αυτων, και εσθοντες εριφους εκ ποιμνιων και μοσχαρια εκ μεσου βουκολιων γαλαθηνα.

It would be difficult to find anything more literal than this, and it is but one instance of a general rule; hence the importance of exceptions, which are as follows:

i. 1 Sermones Amos quos vidit super Hierusalem: LXX. adds

---

[1] *Rules of Tyconius* p. cxviii. Cf. also the same writer's words on p. cvii. "The textual genealogy renders it not absolutely impossible that the Latin Version, and therefore sometimes Tyconius as representing the Latin Version, may be right where all other authorities have gone wrong."

οι εγενοντο εν Ακκαρειμ εν Θεκουε and εν ημεραις to the end of the verse.

vii. 14 non eram profeta neque filius profetae sum ego: LXX. ουκ ημην προφητης εγω ουδε υιος προφητου.

vii. 15 vade et profetare in plebem istrahel: LXX. Βαδιζε προφητευσον επι τον λαον μου Ισραηλ.

vii. 17 Dominus Deus: LXX. Κυριος.

viii. 2 consummatio vere: LXX. has no equivalent for vere.

ix. 1 et dixit mihi: LXX. και ειπεν.

ix. 8 iacob: LXX. τον οικον Ιακωβ.

These instances could, of course, be greatly added to from the other prophetical books; they are given only as samples of what may be expected from the further study of this version, the importance of which, from this point of view, has already been recognized by Mr Burkitt: " There are renderings found in the Old Latin representing Greek readings which have disappeared from every known Greek MS., but which, by comparison with the Hebrew, are shown to preserve the genuine text of the LXX., from which the readings of our present Greek MSS. are corruptions[1]."

Finally a few corruptions in the O.L. text may here be noted:

v. 25 *optulisti* for *optulistis*.

vi. 2 *in samarhabam* for *in samathrabam* (itself a corruption taken over from the LXX.).

vii. 14 *bellicans* for *vellicans*.

viii. 4 *pauperes* for *pauperem*.

viii. 5 *messis* for *mensis*.

viii. 8 *lucebit* for *lugebit*.

B. THE VULGATE.

In comparing the Vulgate with the M.T. we find that in the book of Amos there are nearly 150 variations between the two. To what are these variations due? Not often, as it appears, to a difference of reading (though sometimes this is the case), for there can be no doubt that the text which Jerome had before him was practically the same as our present Massoretic text; they are

---

[1] *Op. cit.* p. cxvii.

due, in the first place, to the latitude which he allowed himself in rendering the sense of the Hebrew; this alone makes the Vulgate a somewhat untrustworthy authority for the criticism of the Hebrew text, and this untrustworthiness is emphasized by the fact that the text of the Vulgate itself is in such an unsatisfactory state; "the want of trustworthy materials for the exact determination of the Latin text itself, has made all detailed investigation of his readings impossible or unsatisfactory[1]." Secondly, some, at any rate, of these variations are due to Jerome's imperfect knowledge of Hebrew; others are to be traced to his use of the Septuagint; others, again, to his use of the version of Symmachus. Frequently, on the other hand, instances are to be found of very slavish renderings of the Massoretic text, and Jerome's use of the versions of Theod. and Aquila is quite obvious in a certain number of cases.

Some examples of these characteristics of the Vulgate are the following[2]:

I. *Free renderings of the Hebrew:*

i. 5 de campo idoli : מבקעת־און.

iii. 14 cum visitare coepero : פקדי.

iv. 1 vaccae pingues : פרות הבשן.

v. 3 urbs de qua egrediebantur mille, relinquentur in ea centum....:

העיר היצאת אלף תשאיר מאה.

v. 5 inutilis : לאון. v. 8 tenebras : צלמות.

vi. 1 ingredientes pompatice domum Israel : ובאו להם בית ישראל.

vi. 2 et ad optima quaeque regna horum : הטובים מן־הממלכות האלה.

vi. 3 qui separati estis in diem malum : המנדים ליום רע.

vi. 4 agnum : כרים. vi. 8 et tradam civitatem cum habitatoribus suis :

והסגרתי עיר ומלאה.

vi. 10, 11 Nunquid adhuc est penes te? Et respondebit : finis est. Et dicit ei : Tace...... העוד עמך ואמר אפס ואמר הם (v. 10 in Hebr.).

vi. 13 Nunquid currere queunt : הירוצון (v. 12 in Hebr.).

vii. 1 in principio germinantium serotini imbris : בתחלת עלות הלקש.

---

[1] Westcott in *Smith's D.B.* art. *Vulgate.*

[2] They do not profess to be exhaustive.

viii. 3 multi morientur : **רַב הַפָּגֶר‎‏**. viii. 9 occidet sol : **וְהֵבֵאתִי**
הַשֶּׁמֶשׁ‎‏.

ix. 2 descenderint : **יֵחָתֵרוּ‎‏**. ix. 9 sicut concutitur triticum : **כַּאֲשֶׁר**
יִנּוֹעַ‎‏.

II. As opposed to these, there are numberless cases in which
Jerome gives a *verbal translation of the Hebrew;* only a few can
be cited here.

i. 1 Verba Amos qui fuit in pastoribus de Thecue : quae vidit super
Israel..........**חָזָה אֲשֶׁר מִתְּקוֹעַ בַּנֹּקְדִים הָיָה אֲשֶׁר עָמוֹס דִּבְרֵי**
עַל־יִשְׂרָאֵל‎‏.

ii. 14 Et peribit fuga a veloce, et fortis non obtinebit virtutem suam, et
robustus non salvabit animam suam.

וְאָבַד מָנוֹס מִקָּל וְחָזָק לֹא־יְאַמֵּץ כֹּחוֹ וְגִבּוֹר לֹא־יְמַלֵּט נַפְשׁוֹ :‎‏

iii. 12 ...qui habitant in Samaria in plaga lectuli et in Damasci grabato.

הַיֹּשְׁבִים בְּשֹׁמְרוֹן בִּפְאַת מִטָּה וּבִדְמֶשֶׁק עָרֶשׂ :‎‏

iv. 5 ...de fermentato laudem et vocate voluntarias oblationes et an-
nunciate: sic enim voluistis, dicit Dominus Deus.

מֵחָמֵץ תּוֹדָה וְקִרְאוּ נְדָבוֹת הַשְׁמִיעוּ כִּי כֵן אֲהַבְתֶּם בְּנֵי יִשְׂרָאֵל
נְאֻם אֲדֹנָי יֱהֹוִה :‎‏

v. 13 Ideo prudens in tempore illo tacebit : quia tempus malum est.

לָכֵן הַמַּשְׂכִּיל בָּעֵת הַהִיא יִדֹּם כִּי עֵת רָעָה הִיא :‎‏

vi. 5 sicut David putaverunt se habere vasa cantici.

כְּדָוִד חָשְׁבוּ לָהֶם כְּלֵי־שִׁיר :‎‏

vii. 13 Et in Bethel non adjicies ultra ut prophetes : quia sanctificatio
regis est, et domus regni est.

וּבֵית אֵל לֹא־תוֹסִיף עוֹד לְהִנָּבֵא כִּי מִקְדַּשׁ־מֶלֶךְ הוּא וּבֵית
מַמְלָכָה הוּא :‎‏

viii. 6 Ut possideamus in argento egenos et pauperes pro calceamentis, et
quisquilias frumenti vendamus.

לִקְנוֹת בַּכֶּסֶף דַּלִּים וְאֶבְיוֹן בַּעֲבוּר נַעֲלָיִם וּמַפַּל בַּר נַשְׁבִּיר :‎‏

ix. 5 Et Dominus Deus exercituum, qui tangit terram et tabescet ; et
lugebunt omnes habitantes in ea, et ascendet sicut rivus omnis, et defluet
sicut fluvius Aegypti.

וַאֲדֹנָי יהוה הַצְּבָאוֹת הַנּוֹגֵעַ בָּאָרֶץ וַתָּמוֹג וְאָבְלוּ כָּל־יוֹשְׁבֵי־בָהּ
וְעָלְתָה כַיְאֹר כֻּלָּהּ וְשָׁקְעָה כִּיאֹר מִצְרָיִם :‎‏

III. *Indebtedness to the Septuagint, Aquila and Symmachus.*

Jerome himself, in his commentaries, acknowledges that he made use both of the LXX. and of the later Greek versions. The process of trying to decide what words and passages in the Vulgate are due to these versions is a little precarious, for it is not always possible to speak with certainty, and because a reading which differs from the Hebrew agrees with that of the LXX., it does not necessarily follow that the LXX., or other version, was used. The following examples are therefore to some extent tentative.

iii. 10 thesaurizontes   LXX. θησαυριζοντες   הָאֹצְרִים

iv. 2 in ollis ferventibus   LXX. εις λεβητας υποκαιομενους   בסירות דוגה

iv. 6 stuporem dentium   LXX. γομφιασμον οδοντων   נקיון שנים

v. 6 ne forte comburatur ut ignis domus Joseph et devorabit et non erit qui exstinguat...   LXX. οπως μη αναλαμψη ως πυρ ο οικος Ιωσηφ και καταφαγη αυτον και ουκ εσται ο σβεσων...

פֶּן־יִצְלַח כָּאֵשׁ בֵּית יוֹסֵף וְאָכְלָה וְאֵין־מְכַבֶּה:

v. 16 in omnibus plateis planctus et in cunctis quae foris sunt dicetur vae vae   LXX. εν πασαις ταις πλατειαις κοπετος και πασαις ταις οδοις ρηθησεται ουαι ουαι

בְּכָל־רְחֹבוֹת מִסְפֵּד וּבְכָל־חוּצוֹת יֹאמְרוּ הוֹ־הוֹ:

v. 22 holocautomata   LXX. ολοκαυτωματα   עֹלוֹת

v. 26 tabernaculum Moloch   LXX. την σκηνην του Μολοχ   אֵת סִכּוּת מַלְכְּכֶם

v. 27 et migrare vos faciam   LXX. και μετοικιω υμας   וְהִגְלֵיתִי אֶתְכֶם

vii. 2 propitius esto   LXX. ιλεως γενου   סְלַח

vii. 4 abyssum multam   LXX. την αβυσσον την πολλην   תְּהוֹם רַבָּה

vii. 17 metietur   LXX. μετρηθησεται   תְּחֻלָּק

viii. 4 qui conteritis   LXX. οι εκτριβοντες   הַשֹּׁאֲפִים

viii. 10 saccum   LXX. σακκον   שָׂק

viii. 12 et commovebuntur   LXX. και σαλευθησονται   וְנָעוּ
circuibunt quaerentes   LXX. περιδραμουνται ζητουντες   יְשׁוֹטְטוּ לְבַקֵּשׁ

ix. 13 et stillabunt montes dulcedinem et omnes colles culti erunt LXX. και αποσταλαξει τα ορη γλυκασμον και παντες οι βουνοι συμφυτοι εσονται

וְהִטִּיפוּ הֶהָרִים עָסִיס וְכָל־הַגְּבָעוֹת תִּתְמוֹגַגְנָה:

i. 5 Cyrenen   Aq. Κυρηνη   קִירָה

i. 11 et violaverit misericordiam   Aq. Sym. και διεφθειρε σπλαγχνα   וְשִׁחֵת רַחֲמָיו

ii. 13 ego stridebo subter vos sicut stridet plaustrum

Aq. εγω τριζησω υποκατω υμων καθα τριζει η αμαξα

הנה אנכי מעיק תחתיכם כאשר תעיק העגלה

iii. 12 grabato   Aq. κραββατου   ערש

iii. 15 domum hiemalem cum domo aestiva   Th. (οικον) τον χειμερινον συν

τω οικω θερινω   בית החרף על בית הקיץ

iv. 1 vaccae pingues   Sym. αι βοες ευτροφοι   פרות הבשן

iv. 2 in contis   Th. εν δορασι   בצנות

iv. 12 praeparare in occursum Dei tui   Th. ετοιμαζου εις απαντησιν του

θεου σου   הכון לקראת־אלהיך

iv. 13 eloquium suum   Aq. η ομιλια αυτου   מה־שחו

v. 7 Arcturum et Orionem   Aq. Αρκτουρον και Ωριωνα   כימה וכסיל

v. 9 subridet   Aq. ο μειδιων (cf. Sym. καταγελαν Ps. xxxix. 14, μειδιαν

Is. ix. 27)   המבליג

v. 12 deprimentes   Sym. βαρυνοντες   הטו

vi. 3 qui separati estis   Sym. οι αφωρισμενοι   המנדים

vi. 7 et auferetur factio lascivientium   Sym. και περιαιρεθησεται εταιρεια

τρυφητων   וסר מרזח סרוחים

vi. 15 ab introitu   Sym. απο εισοδου   מלבוא

vii. 7 ?(murum) litum   Aq. splendentem   אנך

vii. 14 armentarius   Aq. Th. Sym. βουκολος   בוקר

vii. 16 (non) stillabis   Aq. σταλαξεις   (לא)־תטיף

viii. 1 uncinus pomorum   Sym. καλαμος οπωρος   כלוב קיץ

viii. 3 cardines (templi)   Aq. αι στροφιγγες   שירות (היכל)

ix. 6 fasciculum suum   Aq. Th. Sym. δεσμην αυτου   אגדתו

ix. 7 Cappadocia   Sym. Καππαδοκιας   כפתור

ix. 13 et comprehendet arator messorem et calcator uvae mittentem semen...

Aq. Th. Sym. και καταλημψεται ο αροτριων τον θεριζοντα και ο πιεζων τας

σταφυλας τον εκλυοντα [...]...

ונגש חרש בקוצר ודרך ענבים במשך הזרע:

IV. Some variations seem to be due to Jerome's *imperfect knowledge of Hebrew*, e.g.:

iii. 11 tribulabitur et circuietur terra   צר וסביב הארץ

iv. 3 Et per aperturas exibitis   ופרצים תצאנה

v. 11 et praedam electam   ומשאת־בר

v. 24 revelabitur   וְיִגַּל

vii. 1 optimates capita populorum   נקבי ראשית הגוים

vi. 7 factio   מרזח

vi. 12 aut arari potest in bubalis   אם יחרוש בבקרים

viii. 5 et supponamus stateras dolosas   וְלָעֲוֹת מֹאזְנֵי מִרְמָה
ix. 1 cardinem   הַכַּפְתּוֹר   ix. 6 fasciculum   אֲגֻדָּתוֹ
ix. 13 culti erunt   תִּתְמוֹגַגְנָה

V. Sometimes words are *inserted* with the apparent purpose of making the sense clearer, e.g. :

ii. 6 pro eo quod vendiderit   עַל־מִכְרָם
iii. 14 cum visitare coepero   פָּקְדִי
vi. 1 ingredientes pompatice domum Israel   וּבָאוּ לָהֶם בֵּית יִשְׂרָאֵל
vi. 12 nunquid currere queunt   הַיְרֻצוּן
ix. 9 sicut concutitur triticum   כַּאֲשֶׁר יִנּוֹעַ
in ix. 11 the words : et ea quae corruerant instaurabo, have no equivalent either in the Hebr. or the LXX.

VI. At other times, though not often, words are *left out* or something else is *substituted* for them, perhaps from imperfect knowledge of Hebrew; e.g. :

ii. 13 sicut stridet plaustrum onustum feno

כַּאֲשֶׁר תָּעִיק הָעֲגָלָה הַמְלֵאָה לָהּ עָמִיר:

iii. 5 nunquid auferetur laqueus de terra antequam quid ceperit ?

הֲיַעֲלֶה־פַּח מִן־הָאֲדָמָה וְלָכוֹד לֹא יִלְכּוֹד:

SUMMARY.

In a work of an avowedly preliminary character definite and fixed results on any large scale can hardly be looked for. The results attained point rather to the necessity of revising our notions as to what is fixed and invariable in the Greek text of the Old Testament. It is clear that the true text of the Septuagint is embodied in no particular manuscript, and that we have yet to arrive at a textual norm.

i. It is evident that for a considerable period the Greek text was in a fluid condition and underwent a large amount of modification. This is illustrated by the enormous variety of readings which the manuscripts offer; and can be seen even in the limited collation embodied in the preceding Dissertation.

ii. The detailed study of the Lucianic and Hesychian manuscripts reveals the presence of a mixed element. In some cases a manuscript which belongs prevailingly to one recension has been deliberately corrected by the addition of readings which belong to another recension or recensions; the most striking instance of this is Cod. Q (cf. the section on Q and its corrections).

iii. But in the majority of cases (this applies, of course, particularly to cursives) we are confronted by eclectic texts. This mixed type of text may, for example, reflect Lucianic and Hesychian characteristics in combination; doubtless, other types will eventually be recognized when the classification is more complete. For illustrations of this compare the sub-sections on the cursives 47 162 228 238; I lay special stress on these, as I have carefully examined the texts of 62 and 147 in detail throughout the book of Amos, and 228 and 238 by means of the apparatus criticus of Holmes and Parsons, with the view to establishing their eclectic character. Other cursives exhibit the same peculiarity in a less degree, but it is not so marked as in the above-mentioned manuscripts.

iv. While doubtless a certain amount of conflation was characteristic of the original text of the Septuagint, yet the study of the manuscript evidence makes it appear probable that this element prevailed more largely as time went on, till an artificial check (the employment of the Massoretic text as a criterion) was brought to bear by the critical labours of Origen.

v. The original Septuagint text, therefore, may be presumed to be embedded in extant Greek manuscripts; what is required is a criterion by which it may be disengaged. This partially exists in the fragments of the Old Latin Version that have survived. Unfortunately these seem to be of unequal value. The text of the Old Latin itself seems to have undergone some amount of deterioration[1]; but in its purest form, as it exists in the quotations in the *Rules of Tyconius*, it is an invaluable instrument; a striking instance of this is the shorter form of the title in Am. i. 1, there preserved[2].

vi. The Lucianic readings collated for *Amos* fully bear out what has long been recognized as a capital characteristic of this recension, namely its fondness for conflations. The conflate readings specially characteristic of Lucian are, of course, conflations of variant Septuagint readings, not the conflate renderings which presumably formed part of the original Septuagint text; e.g. a combination of Greek synonyms for an originally single expression.

vii. The examination of the Complutensian text reveals the interesting fact that in the prophetical books (to judge from those of *Amos* and *Micah*) what is true of the historical books holds good, namely that the text is of a prevailingly *Lucianic* type.

[1] Cf. the disappointingly meagre results for *Amos* from the *Weingarten* fragment; it apparently represents a corrected form of the original O.L.; this is evidently not the case in *Tyconius*.

[2] A study of the quotations in *Tyconius* from other portions of the *Dodekapropheton* shows that it has some readings which have disappeared from all known Greek MSS., but which seem to have the impress of genuineness upon them.

For EU product safety concerns, contact us at Calle de José Abascal, 56–1°, 28003 Madrid, Spain or eugpsr@cambridge.org.

www.ingramcontent.com/pod-product-compliance
Ingram Content Group UK Ltd.
Pitfield, Milton Keynes, MK11 3LW, UK
UKHW010049140625
459647UK00012BB/1702